CHANSONS LÉGÈRES

DE

GUSTAVE NADAUD

L. Bonnat Del.   Sgap Sc.

Portrait

CHANSONS LÉGÈRES

DE

GUSTAVE NADAUD

ILLUSTRÉES

PAR SES AMIS

PARIS
SOCIÉTÉ GÉNÉRALE DES APPLICATIONS PHOTOGRAPHIQUES
7, RUE D'ARGENTEUIL, 7

M DCCC LXXXV

IL A ÉTÉ TIRÉ DE CET OUVRAGE :

100 exemplaires, papier du Japon, numérotés de 1 à 100
200   —   papier teinté,   —   de 101 à 300
800   —   papier vélin.

Cette édition n'est pas dans le commerce.

APPENDICE

LE COUCHER

Le Coucher.

2

Laisse que je tienne
Ta main dans la mienne,
Et ne parlons que de toi;
Dis-moi ton histoire;
Mais laisse-moi croire
Que tu n'as aimé que moi.

Détache ta chevelure
Qui retombe en ondoyant,
Et cette étroite ceinture,
Et ce col impatient.

3

Que le flot qui mène
La nacelle humaine
Vienne à nos pieds se briser!
Faisons-nous un monde,
Et que se confonde
Notre vie en un baiser!

De la robe qui te gêne
Ouvrons les plis familiers;
Tu gémis sous la baleine;
Délivrons les prisonniers.

4

Que puis-je te dire?
Ce que je désire
Se devine en se cachant;
Le discours que j'aime
Est toujours le même:
Les oiseaux n'ont qu'un seul chant.

Viens, ma honteuse colombe;
Tu n'as plus d'autre merci
Que cette gaze qui tombe....
Mais non: reste encore ainsi.

5

Que la blanche toile
Laisse encore un voile
Entre ton cœur et mon cœur;
Sur ta gorge nue,
Que soit retenue
Cette dernière pudeur!

Non. C'est trop de vœux timides:
Ouvre tes sens aux plaisirs;
Livre à mes baisers avides
Tes beautés et tes désirs!...

LES REINES DE MABILLE

1

Pomaré, Maria,
Mogador et Clara,
A mes yeux enchantés,
Apparaissez, chastes divinités!

C'est samedi; dans le jardin Mabille
Vous vous livrez à vos joyeux ébats;
C'est là qu'on trouve une gaîté tranquille
Et des vertus qui ne se donnent pas.

2

Le cerbère crépu
M'a déjà reconnu,
Et l'orchestre... bravo!
Est dirigé par monsieur Pilodo.

Voyez, là-bas, le sémillant Mercure,
Et ses fuseaux qui tricotent gratis,
Représentant le Dieu qui nous épure,
Et la maison G*** père et fils.

3

Dans un quadrille à part,
Voici le grand Chicard
Avec grâce étalant
Un pantalon qui dimanche était blanc.

Ton noble front, ô grand roi de l'époque!
Porte le sceau de l'immortalité;
Mais, avec toi, ton ignoble défroque
Veut-elle aller à la postérité?

4

Dans ton rapide essor,
Je te suis, Mogador;
Partage mon destin,
Fille des cieux... et du quartier Latin.

En te faisant si belle d'élégance,
Ton père eût dû songer, en même temps,
A te doter d'un contrat d'assurance
Contre la grêle... et d'autres accidents.

5

Maria, passe l'eau,
Laisse là ton Prado:
Prodiges superflus!
L'étudiant, hélas! ne donne plus.

Que j'aime autour de ta prunelle noire
Ce cercle bleu tracé par le bonheur,
Liste d'azur qui garde la mémoire
Des amoureux effacés de ton cœur!

6

O grande Pomaré,
A ton nom révéré,
Ton peuple transporté
S'est incliné devant ta majesté!

Ah! cambre-toi, ma superbe sultane,
Et sous les plis, que tu sais animer,
Fais ressortir ce vigoureux organe
Que la pudeur me défend de nommer.

7

De ton humble sujet,
Accepte ce bouquet
Plus frais que tes appas,
Et parfumé... comme tu ne l'es pas.

Je t'aimais mieux lorsque, modeste et bonne,
O Rosita! tu faisais cent heureux;
Ta tête alors n'avait pas de couronne,
Mais elle avait encore des cheveux.

8

O charmante Clara!
Professeur de polka,
J'aime mieux les ébats
Et les leçons que tu n'affiches pas.

Depuis dix ans, comment, sur cette foule,
As-tu gardé ce prestige enchanteur?...
C'est que toujours ta fontaine qui coule
De tes attraits entretient la fraîcheur.

9

Coule, coule toujours,
Fontaine des amours:
Qui sait si, quelque jour,
Je n'irai pas y puiser à mon tour?...

Oui, tu vivras autant que la Chaumière,
Oui, sur l'airain ton nom se gravera;
On a bien fait la fontaine Molière;
Je te promets la fontaine Clara.

10

En voyant ces beaux yeux,
Ce sourire amoureux,
Et cette gorge-là!...
Qui ne dirait: La reine, la voilà!...

Ah! que ne puis-je, en une folle orgie,
Réunissant vos quatre majestés,
Vous décerner, comme à l'Académie,
Des prix Montyon de toutes qualités!...

Pomaré, Maria,
Mogador et Clara,
Quel superbe festin
Je païrai quand... il n'en coûtera rien!

PALINODIE

1

O filles de Laïs,
Que mes chansons jadis
Célébrèrent gratis,
Faut-il chanter votre *De profundis?*

O Maria, gentille demoiselle,
Toi, Mogador, qui nous fis les doux yeux,
Toi, Pomaré, que l'on crut immortelle,
Et toi, Clara, qu'aimèrent nos aïeux....

2

De Mabille attristé,
Vous avez déserté
Le jardin enchanté,
Où se cambrait votre immortalité!

Ces frais lilas, et ce sable historique
Qui garde encor l'empreinte de vos pas,
Ces flots de gaz inondant le portique,
Tout vous appelle, et vous ne venez pas!

3

Craignez-vous pour vos traits
Les bosquets moins discrets?
Naguère vos attraits
Ne craignaient pas d'être vus de trop près.

Auriez-vous donc, loin des rives de France,
Sans vos sujets, signant le conjungo,
Toutes les quatre accepté l'alliance
D'un prince russe, ou d'un roi du Congo?

4

Sous quels cieux plus galants,
Vers quels cœurs plus brûlants
Vos destins turbulents
Auraient-ils donc exporté vos talents?...

Ou bien encor, par un retour bizarre
Du dieu d'amour, cette fois trop constant,
Peupleriez-vous les murs de Saint-Lazare,
Ou le harem de quelque vieux sultan?

5

Ou bien encor, suivant
L'inconstance du vent,
Un caprice fervent
Vous a-t-il fait enfermer au couvent?

Mais non, cessez, ma plaintive élégie;
J'ai retrouvé nos quatre anges perdus,
Tout pleins encor de sève et d'énergie,
Mais moins légers, moins frais, ou plus dodus.

6

A cheval, Mogador
Étale mieux encor
Le splendide trésor
De son brocart tissu de pourpre et d'or.

De Maria la moderne demeure
Est un landau traîné par deux coursiers;
Chacun sait bien que c'est à deux francs l'heure;
Mais nul ne sait comment ils sont payés.

7

Vos bijoux, vos bouquets,
Vos costumes coquets
Se soldent en... caquets;
Mais payez-vous ainsi tous vos laquais?

La Pomaré, votre émule éternelle,
Encore ici cherche à vous accrocher,
Pour vous montrer sa jument plus rebelle,
Son groom plus mince, et son plus gros cocher.

8

Son corps enveloppé
Dans le velours drapé,
Au fond de son coupé,
Par habitude encor fait canapé.

Mais il en est une qui m'inquiète:
C'est ma Clara, ma vivace Clara;
Et je promets la récompense honnête
A qui, tout seul, me la rapportera.

Pomaré, Maria,
Mogador et Clara,
Croyez-moi, laissez là
Chevaux, coupés, laquais, *et cætera!*

1
Prudes sournoises,
Vertus bourgeoises,
Qui des attraits ignorez tout le prix,
Arrière, arrière,
Pauvreté fière,
Je suis lorette, et je règne à Paris.

Humble grisette au bonnet populaire,
Aux doigts meurtris, au nocturne travail,
Va, tu n'es plus qu'une ombre séculaire,
Eloigne-toi, ma chère, tu sens l'ail !

2
Ma pauvre fille,
De ta famille
Tu crains toujours les reproches grossiers ;
Chez moi, ma mère,
Pour se distraire,
Fait la cuisine et vernit les souliers.

Loin de la tourbe immonde et prolétaire,
Je place haut mon palais passager ;
Terme nouveau, nouveau propriétaire,
Nouvel amour ; en tout j'aime à changer.

3
Oiseau volage,
Sur mon passage,
A chaque fleur j'arrête mes désirs ;
Et puis, frivole,
Mon cœur s'envole
Sous d'autres cieux chercher d'autres plaisirs.

Je ne vis pas des soupirs de la brise,
De l'air du temps, de la manne du ciel ;
Non, non, je vis de l'humaine bêtise....
Vous le voyez, mon règne est éternel !

4
Enfant crédule,
Vieux ridicule,
Gueux ou banquier, payez, payez, mon cher :
L'un, mes toilettes,
L'autre, mes dettes,
Vous, mes dîners, vous, mes chemins de fer !

Chacun de vous, marquant ici sa place,
D'un souvenir a couronné mon char :
Je vois Alfred dans cette armoire à glace,
Ce canapé me représente Oscar.

5
Voici le cadre
De mon vieux ladre,
Le bracelet de mon petit futur,
La croix bénite
Du bon jésuite,
Le lit d'Octave et le portrait d'Arthur.

Mon mobilier, c'est ma biographie,
Qui doit finir au Mont-de-Piété ;
Et chaque objet, incident de ma vie,
Me dit encor le prix qu'il m'a coûté.

6
Jeunes prodigues,
Combien d'intrigues
Pour exciter vos folles vanités !
Que de caresses,
Que de tendresses,
Pour réchauffer vos cœurs, vieux députés !

Mieux que Guizot, de ma diplomatie
Je sais partout étendre les filets,
Sauver le Turc sans froisser la Russie,
Flatter l'Espagne et conserver l'Anglais ;

7
Etre rieuse
Et vaporeuse,
Aimer le calme, et puis la Maison d'Or ;
Etre classique
Et romantique,
Aimer Ponsard et sourire à Victor.

Sur le carré d'une antichambre étroite,
Discrètement introduire, le soir,
L'artiste à gauche et le lion à droite,
Quand le banquier attend dans mon boudoir.

8
Voilà ma vie,
Et mon génie ;
Je sais partout être aimable à la fois ;
Et chacun pense,
En conscience,
Tromper un sot.... ils ont raison tous trois !

Dieu ! les bons tours, les plaisantes histoires !
Les beaux romans, comme on n'en écrit pas !
Je veux un jour rédiger mes mémoires,
A la façon d'Alexandre Dumas !...

9
Les cavalcades,
Les mascarades
Se croiseront sur vélin illustré,
Et puis les bustes
Des fous augustes,
Abd-el-Kader, Pritchard et Pomaré !

Les gais propos, les châteaux en Espagne,
A deux, le soir, au bord du lac d'Enghien,
Puis, les soupers ruisselants de champagne,
Et les chansons qui ne respectent rien !...

10
Je suis coquette,
Je suis lorette,
Reine du jour, reine sans feu ni lieu !
Et bien j'espère
Quitter la terre
En mon hôtel.... peut-être en l'Hôtel-Dieu.

LA LORETTE DU LENDEMAIN.

1
J'étais coquette,
J'étais lorette;
Mais qu'ils sont loin, mes beaux jours d'autrefois!
La république
Démocratique
A détrôné les reines et les rois!

Quelle fureur a fait tourner leurs têtes!
Hommes légers, ils ont tout jeté bas!
Ils étaient fous, ils sont devenus bêtes;
Et leurs journaux ne les guériront pas.

2
O décadence!
Toute la France
Fume aujourd'hui des cigares d'un sou!
L'argent est rare,
On est avare,
Et les messieurs aiment.... je ne sais où!

Que sont-ils donc, ces fringants gentilshommes
Qui jetaient l'or sur les tapis douteux?...
Ils sont fondus, et sottes que nous sommes,
Tous nos louis sont partis avec eux.

3
Adieu, conquêtes,
Joyeuses fêtes,
Où le champagne au lansquenet s'unit;
Belles soirées,
Nuits adorées
Qu'un jeu commence et qu'un autre finit!

De mes succès voici pourtant la place;
Mais quel silence en mes salons déserts!
Sur mon sofa la poussière s'amasse,
Et, tout le jour, mes rideaux sont ouverts....

4
Plus de mystère;
Là, solitaire,
Je fais des bas ou j'arrose mes fleurs;
Et, quand arrive
La nuit tardive,
Je reste seule et je crains les voleurs!

Je ne l'ai plus, mon galant équipage;
Tom est chassé, mes chevaux sont vendus;
Mon serin seul est resté dans sa cage;
Ils chante à peine, et je ne chante plus!...

5
Robes nouvelles,
Bijoux, dentelles,
Ma tante, hélas! sait où je vous ai mis;
Elle s'envole,
Ma gaîté folle;
Plus de plaisirs, plus d'amants, plus d'amis!

Oiseaux plumés qu'a dispersés l'orage,
Ils vont chercher un monde plus parfait:
Mon épicier devient un personnage;
Arthur n'est rien, Oscar est sous-préfet!

6
Mon cœur est vide,
Mon front se ride;
Mon boulanger ne me fait plus crédit....
Je crois qu'on sonne!...
Non, non, personne....
Que devenir en cet état maudit?

Faudra-il donc, pour gagner l'existence,
Tombant plus bas dans mon étroit sentier,
De mes attraits tarifer l'impudence,
Et du plaisir enseigner le métier?

7
Ou bien, plus sage,
Dans un village
Irai-je, au loin, racheter mon passé?
Ou, pauvre fille,
Avec l'aiguille,
Dois-je finir comme j'ai commencé?

Ou bien, quittant cette terre chérie,
Irai-je enfin chercher fortune ailleurs?...
Non, non, jamais!... La France est ma patrie,
Je veux attendre ici des jours meilleurs.

8
J'étais coquette,
J'étais lorette;
Mais qu'ils sont loin, mes beaux jours d'autrefois!
La république
Démocratique
A détrôné les reines et les rois!

BOISENTIER

Boisentier

1

Boisentier, banquier blond et maigre,
Possède une femme, un commis,
Un petit domestique nègre,
Quelques parents et des amis.
De son épouse doit lui naître
Un joli petit héritier:
De quel couleur va-t-il être?

—Il sera blond, dit Boisentier.

2

Son commis, un garçon capable
Et fort habile à calculer,
Assure qu'il est vraisemblable
Que l'enfant va lui ressembler:
Il sera, s'il chasse de race,
D'un roux ardent comme brasier,
D'un roux qu'on ne voit qu'en Alsace.

—Il sera blond, dit Boisentier.

3

Mais un des cousins de madame,
Arthur est certain de son fait;
On n'est pas plus sûr de sa femme:
Le petit sera son portrait.
Cent raisons le portent à croire
Qu'il sera charmant cavalier,
Qu'il aura la moustache noire.

—Il sera blond, dit Boisentier.

4

Amis et voisins, tous ensemble,
Tous, excepté le moricaud,
Veulent que l'enfant leur ressemble,
Qu'il soit gros, maigre, grand, courtaud,
Moyen, beau, laid, chétif, énorme:
Bref, chacun veut spécifier
Sa couleur, son poids et sa forme.

—Il sera blond, dit Boisentier.

5

Enfin, le jour fatal arrive;
Tous les prétendants sont venus:
Docteur présent, foule attentive,
Paris proposés et tenus.
On apporte un objet noirâtre
Qui se met d'abord à crier...
L'enfant se trouve être un mulâtre....

—Il sera blond, dit Boisentier.

LES AMANTS D'ADÈLE

Cham Del.   *Sgap Sc.*

Les Amants d'Adèle

Sté Gle des Applications Photographiques, 2, rue d'Argenteuil, Paris.

1

Quoi ! des bijoux, un cachemire,
A vous, si pauvre l'an dernier !
Adèle, oseriez-vous me dire
Comment vous pouvez les payer ?
Un bonnet, une bagatelle
Comblaient vos modestes besoins....
Vous avez un amant, Adèle,
Vous avez un amant... au moins.

2

Ce n'est pas l'aiguille peut-être
Qui vous donne des diamants ?
Mais permettez que je pénètre
Dans vos riches appartements.
Le luxe partout étincelle ;
L'or se niche dans tous les coins....
Vous avez deux amants, Adèle,
Vous avez deux amants... au moins.

3

Vous avez, à ce qu'on m'assure,
Deux chevaux ; on dit même trois :
Deux pour vous traîner en voiture,
L'autre pour vous porter au Bois.
Voulez-vous que je vous rappelle
Ce que disent ces trois témoins ?...
Vous avez trois amants, Adèle,
Vous avez trois amants... au moins.

4

Voilà ce qui s'appelle vivre....
Ce n'est pas encor tout, je crois :
Vous êtes inscrite au grand livre ;
Vous avez dû cinq et du trois.
Ceci semble accuser, ma belle,
Un autre âge, avec d'autres soins....
Vous avez quatre amants, Adèle,
Vous avez quatre amants... au moins.

5

Voyons, Adèle, soyez bonne :
Sont-ils cinq... ou bien six... ou bien...
Sept ?...Vous vous récriez, mignonne ;
Passe pour six, terme moyen.
Eh bien, ne soyez pas cruelle ;
Quittez ces grands airs superflus :
Vous aurez sept amants, Adèle,
Vous aurez sept amants... au plus.

SATAN MARIÉ

2
Avec sa dague rouge et bleue,
Il coupa tout,
Griffes et poils, cornes et queue,
Jusques au bout.
Il éteignit les étincelles
Qui jaillissaient de ses prunelles.

Satan, crois-moi,
La femme est plus fine que toi.

3
Il prend figure, esprit, noblesse,
Et va partout,
Cherchant beauté, grâce, sagesse,
Argent surtout.
Il avise une jeune fille
Sage, bien en dot et gentille.

Satan, crois-moi,
La femme est plus fine que toi.

4
Avec Agnès sa fiancée
Il est uni.
La foule à l'église est pressée;
Tout est fini.
Que va dire Agnès déplorable,
Quand elle connaîtra le diable?

Satan, crois-moi,
La femme est plus fine que toi.

5
Un an, puis deux ans se passèrent;
Ne changeait pas.
Griffes ni poils ne repoussèrent,
Ni queue, hélas !
Ses yeux restaient tristes et mornes;
Rien ne reparut... que les cornes.

Satan, crois-moi,
Ta femme est plus fine que toi.

LES CONFESSIONS

1

Victor, buvons. — Buvons, Adèle;
La vérité sort du tonneau.
—Tu fus constant.—Tu fus fidèle.
—Que c'était bon!—Que c'était beau!
—Je ne crois plus à tes promesses.
—Je me moque de tes serments.
—Victor, buvons à tes maîtresses.
—Buvons, Adèle, à tes amants.

2

Lorsque je te connus, Adèle...
—Quand je te rencontrai, Victor...
—Ta fleur était presque nouvelle.
—Tu n'avais pas vingt ans encor.
—J'étais dupe de tes tendresses.
—Et moi de tes beaux sentiments.
Allons, Victor, à tes maîtresses!
—Allons, Adèle, à tes amants!—

3

Je vois encor notre chambrette.
—Je vois toujours notre fauteuil.
—Te souvient-il de ma toilette?
—Te rappelles-tu mon orgueil?
—Le jour était plein de caresses....
—La nuit, grosse d'événements!...
Allons, Victor, à tes maîtresses!
—Allons, Adèle, à tes amants!—

4

Ingrat! comme je fus trahie!
—Ingrate! comme j'étais bon!
—J'ignorais Hortense et Julie.
—J'aimais Alexandre et Léon.
—Soyons cléments pour ces traîtresses.
—Pour ces traîtres soyons cléments.
Allons, Victor, à tes maîtresses!
—Allons, Adèle, à tes amants!—

5

Mais depuis ces beaux jours de fêtes..
—Mais depuis ces temps fortunés...
—Que de victimes as-tu faites!
—Que de gens as-tu ruinés!
—Combien as-tu chanté de messes?
—Combien as-tu fait de romans?
Allons, Victor, à tes maîtresses!
—Allons, Adèle, à tes amants!

6

Adèle, tout me remémore....
—Oui, Victor, nos vieilles amours.
—Je pense que je t'aime encore.
—Je crois que je t'aime toujours.
—Tu mens, quoique tu te confesses.
—Tu te confesses, mais tu mens.
—Ah! bah! tant pis pour mes maîtresses!
—Ah! bah! tant pis pour mes amants!

LA FEMME DU PATISSIER

1

Pâtissier, ta femme est charmante,
Elle est jolie et faite au tour;
C'est une brioche fumante:
On en mangerait (*ter*) tout le jour.

2

Elle a tout ce qui plaît aux hommes,
Parfum de fleur, saveur de fruit;
C'est une tartelette aux pommes:
On en mangerait (*ter*) jour et nuit.

3

Elle a la couleur et la pâte,
Le principal et l'intérêt;
Pâtissier, ta femme te gâte:
On en mangerait (*ter*) mangerait!

4

— C'est juste, messieurs, et j'en mange
Autant le matin que le soir;
Mais voilà ce qui me dérange:
Je voudrais goûter (*ter*) du pain noir!

VOLUPTÉ

Volupté

1

Plaisir suprême, adorable magie,
Prêtez un charme à mes tendres accents;
Venez, venez, près de mon Emilie,
Enfler ma voix et réveiller mes sens.

Loin les soucis, arrière la contrainte!..
Epanchez-vous, torrents des voluptés,
Et sur nos cœurs, unis dans cette étreinte,
Versez, versez vos trésors enchantés!

2

Vins généreux, enivrante ambroisie,
Sous vos rubis que naissent les plaisirs!
Et, de la coupe où ma raison s'oublie,
Faites couler le trouble et les désirs.

O ma Sultane, ô ma belle maîtresse,
De ton amant partage les transports!
Viens sur mon sein, ivre de mon ivresse,
Viens dans mes bras riches de tes trésors!

3

De tes cheveux aussi noirs que l'ébène,
Laisse tomber les flots au gré des vents.
Ah! laisse-moi vivre de ton haleine,
Voir par tes yeux et sentir par tes sens!

Lèvres de rose, épaule ravissante,
Confiez-moi tous vos enchantements!
Marbre sensible et neige éblouissante,
Dérobez-vous sous mes embrassements!

4

Presse ton cœur sur mon cœur qui s'agite,
Ta main tremblante en ma tremblante main,
Et que le cri de mon sein qui palpite
Trouve un écho palpitant dans ton sein!

Ah! qu'il est beau, ma superbe bacchante,
De voir tes yeux rayonner de plaisir,
Et ton corps souple et ta gorge mouvante
Sous mes baisers trembler et défaillir!

Divine extase! O volupté! Je t'aime!..
Durez, durez, délice solennel!
Ah! puissions-nous, dans ce moment suprême,
Nous endormir du sommeil éternel!

DIRE ET FAIRE

1

Ils sont sûrement mariés,
(C'est mon avis, est-ce le vôtre?)
Ces êtres si fort ennuyés
De vivre enchaînés l'un à l'autre.
Pourtant, l'homme n'a pas trente ans,
La femme en a vingt, et j'admire
Qu'ils se soient dit depuis longtemps
Tout ce qu'ils avaient à se dire.

2

Le couple est pourtant bien joli :
C'est un bloc de neige et de glace;
C'est pur, c'est correct et poli.
Tudieu! Si j'étais à leur place!
Combien de baisers éclatants!
Mais ce n'est pas là leur affaire;
Ils se sont fait depuis longtemps
Tout ce qu'ils avaient à se faire.

3

Un beau jour, je devins l'amant
De cette insensible bourgeoise.
O mes amis, quel changement!
O mes amours, quelle sournoise!
Je vis, de la réalité
Combien l'apparence diffère :
Vingt fois, cent fois, je constatai
Ce qu'elle savait dire et faire.

4

Béranger l'a chanté gaîment :
«Les maris me font toujours rire.»
Homme connaît bien rarement
Ce que femme sait faire et dire;
Mais lorsque la sienne est en jeu,
Sa moitié, son autre hémisphère,
Il ne sait rien, ni prou, ni peu,
De ce qu'elle peut dire et faire.

URSULE

1

Dans ma chambre solitaire,
J'étais, ce matin,
Dormant comme un prolétaire,
Quand un beau lutin,
De mon étroite cellule
Brisa les verrous;
J'ai rêvé de vous, Ursule,
J'ai rêvé de vous.

2

Il avait votre visage,
Mais plus indulgent;
Il avait votre corsage,
Mais plus engageant;
Il avait l'air plus crédule,
Et les yeux plus doux....
J'ai rêvé de vous, Ursule,
J'ai rêvé de vous.

3

Votre pudeur alarmée
Cachait son beau corps;
Sa robe, trop tôt fermée,
Couvrait vos trésors;
Mais sa robe était de tulle,
Si bien qu'au dessous....
J'ai rêvé de vous, Ursule,
J'ai rêvé de vous.

4

Il s'approcha de ma couche,
Mais si près, si près,
Que vos lèvres à ma bouche
Disaient leurs secrets;
Puis, oubliant tout scrupule,
J'en rougis pour nous....
J'ai rêvé de vous, Ursule,
J'ai rêvé de vous.

5

Mais je m'éveillai, ma chère,
Au plus doux moment;
Et quand j'ouvris la paupière,
A moitié dormant,
Dans mon amour ridicule,
Sens dessus dessous,
Je rêvais encore, Ursule,
Je rêvais de vous!...

COMME IL FAUT

1

Je trouve un jour Isabelle
Toute seule à la maison;
Je lui dis qu'elle était belle;
C'était en chaude saison.
«Ah! répond-elle charmée,
Fallait le dire plus tôt:
C'était mon vœu d'être aimée
Par un homme comme il faut.»

2

Qu'eussiez-vous fait à ma place?—
Réparé le temps perdu
Par vigueur et par audace.—
Je le fis, bien entendu.
Sa bouche à demi fermée
S'écriait: «Parlez moins haut!»
C'était son vœu d'être aimée
Par un homme comme il faut.

3

De sa voix la plus gentille,
Elle ajoute en son émoi:
«Oncques n'aurez connu fille
Qui vous aime autant que moi.
Isabelle transformée
Vous doit tout ce qu'elle vaut.»
C'était son vœu d'être aimée
Par un homme comme il faut.

4

Mais las! depuis que sa lèvre
S'est trempée au vin d'amour,
L'innocente en a la fièvre
Bien plus souvent qu'à son tour.
Après l'avoir allumée,
Mon phosphore est en défaut:
C'était son vœu d'être aimée
Par un homme comme il faut.

LE CRÉDULE

Ces deux chansons peuvent être chantées par une voix

2
Elle m'a dit: «Je te préfère
Au pain du coin, au vin du cru,
A l'Apollon du Belvédère.»
    Et je l'ai cru.

3
Elle m'a dit: «Moi, le modèle,
L'exemple d'un temps disparu,
Je t'ai toujours été fidèle.»
    Et je l'ai cru.

4
Elle m'a dit: «Ton caractère
Est parfois taquin et bourru,
Mais, pour l'esprit, tu vaux Voltaire.»
    Et je l'ai cru.

5
Elle m'a dit: «Vois si je t'aime:
Tu serais cuit, tu serais cru,
Que je t'aimerais tout de même.»
    Et je l'ai cru.

6
Elle m'a dit: «Quand je suis seule,
Tu prends un langage trop cru;
Pourtant je suis un peu bégueule.»
    Et je l'ai cru.

7
Elle m'a dit: «Notre famille
Verra par toi son nombre accru,
Tout est de toi, garçon et fille.»
    Et je l'ai cru.

LA CRÉDULE

d'homme et une voix de femme, en alternant les couplets.

2
Gaston m'a dit : «Vous êtes bonne,
Vous n'aimez pas ce Lustucru ;
Puis, je suis sûr qu'il te pardonne.»
   Et je l'ai cru.

3
Prosper m'a dit : «L'enfant prospère
Après lequel j'ai tant couru
Naîtra de toi, je suis son père.»
   Et je l'ai cru.

4
Lucas m'a dit : «Dans mes voyages
Je monte mon cheval à cru.
C'est la manière des sauvages.»
   Et je l'ai cru.

5
Henri m'a dit : «Le ventre à table,
Le dos au feu, le pain de gru-
au...que l'amour est agréable!»
   Et je l'ai cru.

6
François m'a dit : «Cherche à comprendre:
Est-ce une fille?_Elle est ma bru.
Est-ce un garçon?_Il est ton gendre.»
   Et je l'ai cru.

7
Ils m'ont tous dit la même chose,
Les maquillés et les écrus;
Et moi, tous ensemble, et pour cause,
   Je les ai crus.

LA COLLECTIONNEUSE

1

Quelle existence accidentée,
    Mouvementée,
    Agrémentée,
Fut celle de ce compagnon,
Époux d'une femme charmante,
    Mais trop aimante,
    Qui le tourmente
A force d'illustrer son nom!

En a-t-il eu des aventures
De plusieurs et plusieurs natures,
Cet intrigant de Morfondu!
En a-t-il eu des aventures...
Par sa femme, bien entendu.

2

Il eut cette bonne fortune
    De trouver une
    Puissante brune
Qui ne pouvait pas le souffrir.
Mais il répandit en dentelles,
    En bagatelles,
    Des sommes telles
Qu'il finit par la conquérir.

En a-t-il eu des aventures!
En a-t-il payé des factures,
Ce scélérat de Morfondu!
En a-t-il eu des aventures...
Par sa femme, bien entendu!

3

Six mois après son mariage,
    L'oiseau volage
    Fit un voyage
Vers les pays cochinchinois;
Puis elle revint bien contente,
    Et mieux portante,
    De chez sa tante
Avec un bébé de trois mois.

En a-t-il eu des aventures,
En a-t-il fait des conjectures,
Ce sacripant de Morfondu!
En a-t-il eu des aventures...
Par sa femme, bien entendu.

4

Depuis sa première tournée,
    La pardonnée
    Prend, chaque année,
Un train de plaisir illégal;
Et Morfondu poursuit fidèle,
    A tire d'aile,
    Son hirondelle
Qu'il rapporte au nid conjugal.

En a-t-il eu des aventures!
En a-t-il usé des voitures,
Ce vagabond de Morfondu!
En a-t-il eu des aventures...
Par sa femme, bien entendu.

5

Je ne saurais jamais tout dire;
    Il doit suffire,
    Si l'on veut rire,
D'écouter ce récit. Un jour...
Non, je suis trop ému, je n'ose
    Dire la chose,
    Mais on suppose
Que c'est l'amour, l'amour, l'amour!

En a-t-il eu des aventures!
En a-t-il pris des courbatures,
Ce garnement de Morfondu!
En a-t-il eu des aventures...
Par sa femme, bien entendu.

6

L'ardeur de ce vaste incendie
    S'est attiédie,
    Puis refroidie;
Femme et flamme doivent passer.
Pour Morfondu, toujours il l'aime,
    Toujours le même,
    Toujours extrême,
Toujours prêt à recommencer.

En a-t-il eu des aventures!
En a-t-il planté des boutures,
Ce polisson de Morfondu!
En a-t-il eu des aventures...,
Par sa femme, bien entendu.

QUATRE IVRESSES

2
On sait qu'une femme est aux anges
Quand on flatte sa vanité...
Je détaillerai ta beauté,
Je t'enivrerai de louanges.

    Gourmande, mes amours,
      L'es-tu toujours?

3
Je prendrai une voix magnétique
Pour te forcer à m'écouter.
Aimer beaucoup, c'est bien chanter:
Je t'enivrerai de musique.

    Gourmande, mes amours,
      L'es-tu toujours?

4
Nous aurons toutes les ivresses,
Par les yeux, l'oreille et le goût.
Par tous les sens et de partout
Je t'enivrerai de caresses.

    Gourmande, mes amours,
      L'es-tu toujours?

LA TOILETTE

La Toilette

S^{té} G^{le} des Applications Photographiques, 7, rue d'Argenteuil, Paris

Savez-vous la toilette
Que portait, l'autre soir,
Mademoiselle Annette,
Quand elle vint me voir ?

1

Ce n'était pas, je pense,
Son chapeau de velours :
Sur mon pot de faïence
Nous le plaçons toujours.

Savez-vous la toilette
Que portait, l'autre soir,
Mademoiselle Annette,
Quand elle vint me voir ?

2

Ce ne devait pas être
Son cachemire Indou :
Le long de ma fenêtre,
Il a trouvé son clou.

Savez-vous la toilette
Que portait, l'autre soir,
Mademoiselle Annette,
Quand elle vint me voir ?

3

Ce n'est pas davantage
Sa robe à falbalas :
Mon fauteuil, comme un page,
La portait dans ses bras.

Savez-vous la toilette
Que portait, l'autre soir,
Mademoiselle Annette,
Quand elle vint me voir ?

4

Ce n'étaient pas encore
Ses jupons empesés :
Sur mon orgue sonore
Ils étaient déposés.

Savez-vous la toilette
Que portait, l'autre soir,
Mademoiselle Annette,
Quand elle vint me voir ?

5

Ce n'est pas sa chemise :
Elle pesait si peu
Que le vent l'avait prise
Pour l'approcher du feu.

Savez-vous la toilette
Que portait, l'autre soir,
Mademoiselle Annette,
Quand elle vint me voir ?

6

Mais, selon la coutume
Du bon pays latin,
Elle... ôta ce costume
Le lendemain matin.

La charmante toilette
Que portait, l'autre soir,
Mademoiselle Annette,
Quand elle vint me voir !

LES PLAISIRS SONT TROP COURTS

2
La bouteille, *(bis)*
Qui jamais ne sommeille,
Semble dire n, i, ni,
C'est fini ! *(bis)*
C'était du vin naguère;
Mais elle a fait deux tours;
C'est maintenant du verre.
Les plaisirs sont trop courts.

3
Ce compère, *(bis)*
Si joyeux d'ordinaire,
Qui lance, à tout propos,
Ses bons mots, *(bis)*
A perdu la recette
Des plus gros calembours;
Il dort dans son assiette...
Les plaisirs sont trop courts.

4
Ma maîtresse *(bis)*
A qui je m'intéresse,
Ne bénit pas son sort :
Elle a tort ! *(bis)*
O mon amant, dit-elle,
M'aimeras-tu toujours ?
—Toujours, c'est long, ma belle!—
Les plaisirs sont trop courts.

LE SOUPER DE MANON

1

Blaise, dit la fillette,
Je viens souper chez vous....
— Souper dans ma chambrette?
Mais comment ferons-nous?....
Car je n'ai qu'une assiette....
— C'est assez, dit Manon.

Blaise prétend que non!

2

Blaise, mon ami Blaise,
On est très-bien ici;
Mettez-vous à votre aise,
Asseyons-nous ainsi....
— Mais je n'ai qu'une chaise!
— C'est assez, dit Manon.

Blaise prétend que non!

3

Une chaise, une assiette,
Cela suffit vraiment;
Partageons la serviette
Et soupons....— Mais comment?....
Je n'ai qu'une fourchette!...
— C'est assez, dit Manon.

Blaise prétend que non!

4

Blaise, qu'allez-vous faire?
— Je ne fais rien du tout.
— Voulez-vous bien vous taire!...
Blaise, buvons un coup....
— Mais je n'ai qu'un seul verre....
— C'est assez, dit Manon.

Blaise prétend que non!

5

Vous froissez ma toilette,
Blaise, délacez-moi....
Tirez ma collerette....
Et couchons-nous....— Sur quoi?...
Je n'ai qu'une couchette....
— C'est assez, dit Manon.

Blaise prétend que non!

6

Mais quoi!... Blaise lui même,
Le matin, à mi-voix,
Disait: «Manon, je t'aime!»
Pour la troisième fois....
Non, pour la quatrième!...
— C'est assez, dit Manon.

Blaise prétend que non!

QUITTE A QUITTE

1

Comme tu me trouvais belle,
Quand nous n'étions pas amis!
Ingrat! tu m'avais promis
De m'être toujours fidèle.
—Oui, c'est vrai, ma foi,
Palmyre, je le confesse.
Mais m'avais-tu dit, à moi,
Que tu me trompais, traîtresse?

Nous sommes quittes, voilà:
Quittons-nous et touchons là.

2

—Je n'avais que ma coiffure;
Tu devais, dans les huit jours,
Sous un chapeau de velours
Abriter ma chevelure.
—Oui, c'est vrai, ma foi,
Palmyre, je le confesse.
Mais m'avais-tu dit, à moi,
Qu'elle était fausse, traîtresse?

Nous sommes quittes, voilà:
Quittons-nous et touchons là.

3

—Tu disais: Qu'un mois se passe,
Un seul, et, le mois d'après,
Tu contempleras tes traits
Devant une armoire à glace.
—Oui, c'est vrai, ma foi,
Palmyre, je le confesse.
Mais m'avais-tu dit, à moi,
Qu'ils étaient fardés, traîtresse?

Nous sommes quittes, voilà:
Quittons-nous et touchons là.

4

—Tu me disais: Ma Palmyre,
Quand il fera froid dehors,
Nous cacherons ces trésors
Sous un schall de cachemire.
—Oui, c'est vrai, ma foi,
Palmyre, je le confesse.
Mais m'avais-tu dit, à moi,
Qu'ils étaient d'emprunt, traîtresse?

Nous sommes quittes, voilà:
Quittons-nous et touchons là.

5

—Adieu donc. Je te renie.
Qui l'eût pu penser jamais,
Qu'un jour tu me quitterais
Pour cette sotte Eugénie?
—Oui, c'est vrai, ma foi,
Madame, je le confesse.
Mais m'aviez-vous dit, à moi,
Qu'Arthur vous plaisait, traîtresse?

Nous sommes quittes, voilà:
Quittons-nous et touchons là.

LE DIX-CORS

1

Le seigneur de la Mare
Est venu, l'automne dernier,
Me prier
D'aller, près de Tarare,
Piller sa cave et son gibier.
La chasse se prépare :
Le lendemain, nous accourons,
Dix lurons.

Au château de la Mare,
Pendant dix jours
Ont duré nos amours.

2

La baronne était belle,
Et pour nous son cœur soupirait,
Il paraît :
Car toujours auprès d'elle
Quelqu'un des chasseurs demeurait.
La chose était bizarre ;
Mais le baron, qui le voyait,
En riait.

Au château de la Mare,
Pendant dix jours
Ont duré nos amours.

3

Chacun trouva sa place ;
Chacun eut ses bravos gratis,
Et ses bis ;
Et l'amoureuse chasse
Dura dix jours : nous étions dix ;
Dix jours, je le déclare,
Puisque j'eus pour moi le dernier
Tout entier !

Au château de la Mare,
Pendant dix jours
Ont duré nos amours.

4

On a forcé la bête,
On a pris le cerf aux abois ;
Et son bois
Est placé sur la tête
Du baron qui revient du bois.
Qu'on sonne la fanfare !
C'est bien un dix-cors, Dieu merci !
Le voici....

Au château de la Mare,
Pendant dix jours
Ont duré nos amours.

LE LION D'OR

2
Poussez la bête
Loin du terrier;
Je suis en quête
D'autre gibier. —

Allons, en chasse!
C'est un renard;
Et sur sa trace
La meute part. —

3
Elle est plus belle
Que les Amours:
Je n'aime qu'elle
Depuis deux jours. —

Allons, en chasse!
C'est un renard;
Et sur sa trace
La meute part. —

4
J'ai sa promesse
Et plus encor....
J'attends l'hôtesse
Du Lion d'or. —

Allons, en chasse!
C'est un renard;
Et sur sa trace
La meute part. —

5
Avant l'aurore
Je l'attendais:
Le soleil dore
Mes verts volets. —

Allons, en chasse!
C'est un renard;
Et sur sa trace
La meute part. —

6
On la dit veuve
De trois maris:
J'en fais l'épreuve,
Au même prix. —

Allons, en chasse!
C'est un renard;
Et sur sa trace
La meute part. —

7
Un jour d'ivresse
Vaut un trésor:
J'attends l'hôtesse
Du Lion d'or. —

Allons, en chasse!
C'est un renard;
Et sur sa trace
La meute part. —

8
Mon amour veille
Entre deux draps:
Je tends l'oreille;
Je tends les bras. —

Allons, en chasse!
C'est un renard;
Et sur sa trace
La meute part. —

9
Mais la cruelle
N'arrive pas.....
On vient....C'est elle:
J'entends ses pas. —

Allons, en chasse!
C'est un renard;
Et sur sa trace
La meute part. —

10
Non, je m'en vante;
C'est mieux encor:
C'est la servante
Du Lion d'or. —

Allons, en chasse!
C'est un renard;
Et sur sa trace
La meute part. —

MADELEINE

1

Avez-vous connu Madeleine,
La belle fille aux blonds cheveux,
Aux yeux bleus?
Toujours son auberge était pleine,
Tous les chasseurs en étaient amoureux.

2

Pas n'était besoin, dans la plaine,
D'appeler les chasseurs joyeux
De tous lieux;
On se trouvait chez Madeleine...
Tous les chasseurs en étaient amoureux.

3

Pour avoir la meilleure place,
On dit que plus d'un amoureux
Matineux
Devançait l'heure de la chasse....
Tous les chasseurs en étaient amoureux.

4

Mais souvent le premier lui-même,
Qui venait courant et poudreux,
Mais heureux,
Se trouvait être le deuxième....
Tous les chasseurs en étaient amoureux.

5

Madeleine! Qu'elle est gentille!
La peau blanche, les bras nerveux,
Les beaux yeux!
Madeleine, ouvre-nous la grille....
Tous les chasseurs en étaient amoureux.

6

Chacun entre, chacun l'embrasse:
Madeleine, quel est l'heureux
Que tu veux?
—Allons, partez, et bonne chasse....
Tous les chasseurs en étaient amoureux.

7

Et, tandis que la troupe avide,
Au loin fait retentir les cieux,
De ses feux,
La belle à la broche préside....
Tous les chasseurs en étaient amoureux.

8

Puis, au retour, sa main amie
Leur verse les flots généreux
D'un vin vieux;
Et déjà la table est servie...
Tous les chasseurs en étaient amoureux.

9

Qu'elle est charmante, qu'elle est folle!
Chacun boit à ses jolis yeux,
Et bien mieux!...
Elle chante une gaudriole....
Tous les chasseurs en étaient amoureux.

10

Ah! pauvre fille, prenez garde!
Les braconniers sont dangereux,
Et nombreux....
Du coin de l'œil on vous regarde....
Tous les chasseurs en étaient amoureux.

11

O Madeleine! Madeleine!
Qui donc choisirez-vous entre eux?
Un ou deux?...
Mais ils sont une quarantaine....
Tous les chasseurs en étaient amoureux.

12

Or, Madeleine devint mère,
Mère d'un petit malheureux
Vigoureux!
Comment reconnaître son père?...
Tous les chasseurs en étaient amoureux.

13

Il avait les yeux de Gustave,
Le teint d'Arthur, et les cheveux
De tous deux;
Le front d'Edmond, le nez d'Octave....
Tous les chasseurs en étaient amoureux.

14

Madeleine, jeunesse passe!
Epousez un rustaud, tant mieux
S'il est vieux!
Son mari fut fait.... garde-chasse...
Tous les chasseurs en étaient amoureux.

THÉRÈSE

1
La brune Thérèse
A vingt amoureux,
Et j'en suis bien aise,
Car je suis l'un d'eux.
Elle est si gentille,
Nous sommes si fous !
Elle est bonne fille
Et nous aime tous.

Mais c'est autre chose
Qui nous rend heureux :
Savez-vous la cause
De vingt amoureux ?

2
C'est qu'elle a pour plaire
De si noirs cheveux
Tombant jusqu'à terre,
Et de si grands yeux !...
Prunelles de flamme
Et contours d'argent ;
Des grâces de femme
Et des pieds d'enfant.

Non, c'est autre chose
Qui nous rend heureux :
Savez-vous la cause
De vingt amoureux ?

3
C'est que son corsage
Est bien arrondi,
Fripon son visage,
Son air étourdi,
Sa taille comprise
Entre les dix doigts :
C'est qu'elle se grise
Quinze fois par mois.

Non, c'est autre chose
Qui nous rend heureux :
Savez-vous la cause
De vingt amoureux ?

4
C'est qu'elle est si bonne,
La gentille enfant !
C'est qu'elle pardonne
Ce qu'elle défend ;
C'est que sa voix chante
La nuit et le jour ;
C'est qu'elle est savante
Aux jeux de l'amour.

Non, c'est autre chose
Qui nous rend heureux :
Savez-vous la cause
De vingt amoureux ?

5
Le don invisible
Qui la fait aimer,
C'est chose impossible,
Hélas ! à nommer.
L'homme de la fable
En jugeait ainsi,
Qui disait au diable :
« Défrise ceci. »

Et voilà la chose
Qui nous rend heureux :
Vous savez la cause
De vingt amoureux.

6
Chasseurs, en campagne !
Battons les forêts ;
Parcourons montagne,
Taillis et marais !
Thérèse, ma brune,
Toujours je te vois,
Quand je vois la lune
Au milieu des bois.

APPENDICE

TABLE

	Pages		Pages
Le Coucher	2	Le Crédule	34
Les Reines de Mabille	4	La Crédule	35
Palinodie	6	La Collectionneuse	36
La Lorette	8	Les Aventures de Morfondu	38
La Lorette du lendemain	10	Quatre ivresses	40
Boisentier	12	La Toilette	42
Les Amants d'Adèle	14	Les plaisirs sont trop courts	44
Satan marié	16	Le souper de Manon	46
Les Confessions	18	Quitte à quitte	48
La Femme du Pâtissier	20	Le Dix cors	50
Volupté	22	Le Lion d'or	52
Dire et faire	26	Madeleine	54
Ursule	28	Thérèse	56
Comme il faut	30		

AVIS

Voici le troisième et dernier volume de mes Chansons illustrées par mes amis.

Le titre de CHANSONS LÉGÈRES *indique assez que je ne puis recommander la nouvelle publication au même degré que l'ancienne. Cependant la plupart des chansons légères sont acceptables; il y en a même un certain nombre qui auraient pu paraître dans le premier recueil et qui ne s'y trouvent pas, soit qu'elles aient été oubliées, soient qu'elles aient été faites depuis.*

Pour ne pas froisser des susceptibilités respectables, je réserve les plus risquées pour la fin et j'en fais un appendice détaché.

Par surcroît de précaution, je livre ce volume en feuilles, afin qu'on puisse en retirer les textes ou les dessins qu'il ne conviendrait pas d'y laisser.

G. NADAUD.

BEAUTÉ

Jules Lefebvre Del.   *Sgap Sc.*

Beauté

S.té G.té des Applications Photographiques, 7, rue d'Argenteuil, Paris.

1

Rêve des arts, rêve de la jeunesse,
Ombre toujours fugitive à mes yeux,
Fille des Grecs qui te firent déesse,
Viens, je t'invoque en oubliant leurs dieux.

Je rêve aussi d'une forme adorée;
Je veux t'aimer d'une éternelle ardeur;
A mes regards tu ne t'es pas montrée,
Et tous tes traits sont gravés en mon cœur.

2

Tu n'es pourtant qu'un enfant du mystère;
Ton front se cache aux célestes séjours;
Ton pied léger ne touche pas la terre,
Et je te vois, et je t'aime toujours!

Selon mes sens j'ai créé ton image;
De mes désirs s'enrichit ta beauté;
En tes attraits j'adore mon ouvrage,
Et mon amour est ta réalité.

3

Non, mes amis, la beauté que je chante
N'a pas de nom dans vos joyeux ébats;
De vos festins elle demeure absente,
Et vos chansons ne la réveillent pas.

Elle n'a pas la grâce enchanteresse,
Le doux parler, le sourire vainqueur;
De la pudeur elle ignore l'adresse,
Et son esprit n'a pas faussé son cœur.

4

La soie et l'or ne sont point sa parure,
Sur ses trésors nul voile n'est jeté;
Rien n'enrichit l'œuvre de la nature,
Belle bien plus de sa seule beauté.

Pas un contour plus riche d'harmonie,
Un trait plus pur, un éclat plus vermeil;
De tous ses feux l'Orient l'a brunie,
Et dans ses yeux rayonne le soleil!

5

Vous le voyez, c'est la beauté païenne,
Eclose un jour sous des cieux plus cléments;
La poésie en fit sa souveraine,
Et lui donna tous les arts pour amants!

Dans le parcs Phidias la modèle,
Parrhasius lui prête sa couleur,
Et mon amour lui jette l'étincelle
Qui donne à tout la vie et la chaleur!

6

Pygmalion, je comprends ton mensonge!
A toute idole élevons des autels;
Et, sur tes pas, je m'élance en un songe
Vers des chemins ignorés des mortels.

LA CUISINE DU CHÂTEAU

Lorsque l'automne, abrégeant la journée,
A secoué son froid manteau,
J'aime à m'asseoir, près de la cheminée,
Dans la cuisine du château.

1

Dès avant que l'aube paraisse,
Partout on s'agite, on se presse;
On circule d'un pied léger;
La porte s'ouvre et se referme;
On reçoit les œufs de la ferme
Et les herbes du potager.

Dans la marmite en fer de forge,
La bouillie ou la soupe d'orge
Bourdonne tout le long du jour,
Tandis que la broche sonore
Présente au feu vif, qui les dore
Les poulets de la basse-cour.

2

C'est là que le pauvre qui passe
Trouve du pain pour sa besace
Et s'assied sur le banc de bois;
Et le colporteur en tournée
Y vend aux filles de journée
Les colifichets villageois.

Les chats sournois, les chiens avides,
A l'entour des assiettes vides,
S'en vont flairant je ne sais quoi;
Partout le mouvement, la vie,
Et, jusqu'à la table servie,
Chaque minute a son emploi.

Lorsque l'automne, abrégeant la journée,
A secoué son froid manteau,
J'aime à m'asseoir, près de la cheminée,
Dans la cuisine du château.

3

Le soir venu, le travail cesse;
On rentre; la lampe se dresse;
Autour de l'âtre on est pressé;
Les femmes actives tricotent;
Les vieilles, en filant, marmottent
Quelque refrain du temps passé.

Le jardinier, dans un lexique,
Cherche le nom scientifique
Des dahlias ou des œillets;
Le garde-chasse du village
Parle des choses d'un autre âge,
Des loups ou des esprits follets.

4

Et, dans ce brouhaha paisible,
Le grillon, causeur invisible,
Dans un coin du foyer bruit;
Et quand le coucou de l'horloge
A chanté dix fois, on déloge;
On se sépare: bonne nuit!

Tout s'endort, et moi, je demeure
Assis encor durant une heure
Auprès du brasier consumé;
Et mes rêves prennent des ailes,
Pour aller vers ceux ou vers celles
Qui m'aiment ou qui m'ont aimé.

Lorsque l'automne, abrégeant la journée,
A secoué son froid manteau,
J'aime à m'asseoir, près de la cheminée,
Dans la cuisine du château.

IVRESSE

1
Des âmes pures,
Dieu souverain,
Tu bannis le chagrin,
Tu fermes nos blessures.

O vin vermeil, ô vin sacré!
Reviens à moi, ma voix t'implore:
Calme l'ennui qui me dévore,
Et rends-moi le ciel azuré!

2
Plus de colères,
Plus de soucis;
Tu rends à nos esprits
Les riantes chimères.

Coule toujours, divin trésor;
Ce que je veux, c'est ton ivresse,
C'est ta vapeur enchanteresse
Qui fait naître les rêves d'or.

3
Tout se colore
A l'horizon,
Et la froide raison
Avec toi s'évapore.

Tout est doré, tout est vermeil;
Le passé n'est plus qu'un nuage;
Le présent dans mon verre nage,
Et l'avenir, c'est le sommeil.

4
La brise est pure,
L'air embaumé;
Tout est riant, aimé;
Tout soupire et murmure.

Concerts divins, je vous entends;
Pour moi le ciel n'a plus de voiles,
Et je contemple les étoiles,
Et je songe à leurs habitants!

5
Est-ce un prodige?
Est-ce une erreur?
L'univers en fureur
S'abandonne au vertige!

En vain je veux la retenir;
La vieille terre est ébranlée:
La terre tourne!... O Galilée,
Je veux boire à ton souvenir!

6
Sainte ambroisie,
A ta chaleur,
L'amour renaît au cœur
Et la haine s'oublie.

Mes amis, venez dans mes bras;
Je suis en pleurs, l'amour m'inonde;
J'aime le ciel, j'aime le monde;
J'aime ceux que je n'aime pas!

7
J'aime les cuistres,
Et les enfants,
Et les pâles savants,
Et même nos ministres;

J'aime les rois, l'hiver, les chiens,
Et les poëtes romantiques,
Et j'aime les mathématiques,
Et les mathématiciens!...

8
Par toi, tout change,
Tout rajeunit;
Et tu donnes l'esprit
Et l'amour sans mélange.

Par toi, les vieillards sont surpris
De se sentir encor des flammes;
Les maris embrassent leurs femmes,
Les femmes aiment leurs maris!

9
Encore! encore!
Mais suis-je fou?
La bouteille au long cou
S'arrondit en amphore!

Versez toujours! versez encor!
Mais arrière le vin moderne!
Ce que je bois, c'est le Falerne
Qui pétille en ma coupe d'or.

10
Plus de cravate,
Plus de gilet;
Je foule le duvet
Sous ma toge écarlate.

J'entends la flûte aux airs si doux,
Et cet ami-là, c'est Horace,
Qui descend exprès du Parnasse
Pour venir trinquer avec nous.

MAY

May

S.te G.te des Applications Photographiques, 7, rue d'Argenteuil, Paris

1

«May ramène les longs jours:
C'est trop être endormie;
May réveille les amours:
Réveillez-vous, ma mie.
   Oh! may!
   Oh! may!
Oh! le joli mois de may!

2

Viens voir si l'oiseau des bois
Chante toujours de même,
Et si les fleurs à ta voix
Répondront que je t'aime.
   Oh! may!
   Oh! may!
Oh! le joli mois de may!

3

Jeanne entend son amoureux
Chantant sous sa fenêtre;
Elle éveille ses grands yeux,
Qui ne dormaient peut-être...
   Oh! may!
   Oh! may!
Oh! le joli mois de may!

4

Jeanne s'habille, elle accourt,
Sans faire sa prière;
Elle a corsage plus court
Et jupe plus légère.
   Oh! may!
   Oh! may!
Oh! le joli mois de may!

5

«Bonjour, Jeanne, fleur de thym,
Qui brilles sans parure,
Fraîche comme le matin,
Simple comme nature.
   Oh! may!
   Oh! may!
Oh! le joli mois de may!

6

Viens: au bois nous trouverons
Un feuillage bien tendre,
Où, tout bas, nous nous dirons
Ce qu'on ne doit entendre.
   Oh! may!
   Oh! may!
Oh! le joli mois de may!

7

Nous secoûrons sous nos pas
Les pleurs de la rosée;
Viens t'appuyer sur mon bras...
La route est malaisée.
   Oh! may!
   Oh! may!
Oh! le joli mois de may!

8

Pose ton front près du mien;
Mets ta main dans la mienne:
On dit que, pour s'aimer bien,
Il faut qu'on se soutienne.
   Oh! may!
   Oh! may!
Oh! le joli mois de may!

9

Trois baisers tu me devras
Sur ta bouche mignonne;
Celui-ci ne compte pas...
C'est Jeanne qui le donne.
   Oh! may!
   Oh! may!
Oh! le joli mois de may!

10

Laissez-les au bois s'enfuir,
Dans la plus sombre allée;
Jeanne voudrait revenir;
Mais elle est si troublée!..
   Oh! may!
   Oh! may!
Oh! le joli mois de may!

11

Frais lilas, plantes des champs,
Ouvrez vos fleurs nouvelles;
Rossignols, dites vos chants;
Aimez-vous, tourterelles!
   Oh! may!
   Oh! may!
Oh! le joli mois de may!

AUJOURD'HUI ET DEMAIN

2

Mes amis, nous avons la jeunesse,
Nous avons la force et la santé;
Nous avons les songes de l'ivresse,
Et les sens, et la virilité.
Que longtemps notre gaîté recule
Le moment où ces biens vont finir;
A demain la raison incrédule,
Aujourd'hui la foi dans l'avenir!

3

A nous seuls les bruyantes parties,
Le franc rire et les refrains joyeux;
A nous seuls les chaudes sympathies;
A nous seuls les amis généreux.
Doux liens, où le cœur seul nous guide,
Devez-vous être un jour oubliés?...
A demain l'égoïsme sordide,
Aujourd'hui les saintes amitiés!

4

Assez tôt viendront d'autres tendresses
Qui, dit-on, doivent durer toujours;
Nous avons les changeantes maîtresses,
Et les nuits plus belles que les jours!
Nous avons les tailles adorables,
Les yeux noirs et les fronts argentés;
A demain les amours raisonnables,
Aujourd'hui les folles voluptés!

5

Mes amis! le vin fuit les bouteilles;
La clarté va manquer aux flambeaux,
Et les fleurs meurent dans leurs corbeilles,
Et nos chants expirent moins égaux.
O destin, accorde-nous encore
Un seul jour radieux et vermeil....
Mes amis, voici poindre l'aurore:
Saluons notre dernier soleil!

TROMPETTE

2
Trompette est le nom d'une fille;
 Elle a des cheveux blonds
  Longs.
L'amour, qui dans ses yeux pétille,
 Ne repose jamais...
  Mais,
Trompette

3
Trompette, ma belle maîtresse,
 J'aurais moins de souci,
  Si
Vous possédiez plus de sagesse,
 De grâces moins, d'appas,
  Pas.
Trompette

4
Elle m'a trahi sans vergogne
 Pour trois ou quatre Anglais
  Laids;
Pour un vieux prince de Pologne,
 Et pour deux palatins
  Teints!..
Trompette

5
Mais va, je t'oublîrai moi-même;
 C'est déjà tout-à-fait.
  Fait!
Si je dis encor que je t'aime,
 Réponds que ton amant
  Ment!..
Trompette

6
Trompette, je suis en colère,
 Et j'en deviens, morbleu!
  Bleu.
Mais quoi? vous souriez, ma chère,
 Et ma mauvaise humeur
  Meurt!..
Trompette

LES HEUREUX VOYAGEURS

Les Heureux Voyageurs

Ste Cie des Applications Photographiques, 7, Rue d'Argenteuil, Paris

1

Agitez vos houppes de laine,
Secouez l'or de vos grelots poudreux,
Chevaux de montagne et de plaine
Qui conduisez des couples amoureux!

Nous sommes deux dans la nature,
Nous sommes deux qu'unit un doux penchant,
Et nous courons à l'aventure
Après l'aurore et le soleil couchant.

C'est le romanesque voyage,
Le grand projet longtemps élaboré;
Sur notre front pas un nuage,
Pas un souci dans le ciel azuré!

2

Plus près, ma nouvelle épousée;
Prends sur mon sein la place que je veux;
Que ton épaule soit posée
Sur ce coussin qui sied à tes cheveux.

Ouvre les yeux, lève la tête;
Prends mes baisers, prends, tu me les rendras.
Que le passant naïf s'arrête
A regarder le collier de nos bras.

Ne cache pas la violence
De ce désir que ton regard trahit;
Qu'il éclate avec insolence;
Que les jaloux en pleurent de dépit!

3

Mais non! que le vent leur envoie
Quelques parfums dérobés à nos fleurs,
Avec une part de la joie
Dont le trop plein s'épanche de nos cœurs.

Soyez heureux par notre faute,
Indifférents qui passez près de nous;
Que notre bonheur soit votre hôte;
A son foyer vous vous chaufferez tous!

Où portes-tu tes rêveries,
Vieux laboureur jaloux de tes voisins?
Que l'eau visite tes prairies;
Que le soleil fréquente tes raisins!

4

Salut à la laitière blonde!
Comment, si tard, traversez-vous les bois?
Que votre vache soit féconde,
Et que son lait sème l'or sous vos doigts!

Salut au postillon rapide,
Au voiturier sur son siége endormi!
Bonsoir, berger, sorcier candide,
Regarde-nous avec un œil ami.

Bonsoir, les fillettes rieuses,
Les beaux garçons; regardez donc ici,
Vous, inquiets, vous curieuses....
Nous nous aimons; vous aimerez aussi.

5

Et vous, fleurs des champs, fleurs des villes,
Blés frémissant au souffle des vents doux,
Arbustes aux tiges mobiles,
N'avez-vous pas vos amours comme nous?

O ma charmante, écoute, écoute;
Comme le ciel, ma raison est en feu....
Que vois-je?... Au détour de la route,
Un mendiant.... Arrêtons nous un peu;

Et que longtemps il se souvienne
Des voyageurs joints par un doux penchant,
Qui mirent leur main dans la sienne,
Un jour d'été, par le soleil couchant.

Agitez vos houppes de laine,
Secouez l'or de vos grelots poudreux,
Chevaux de montagne et de plaine
Qui conduisez des couples amoureux!

LA GAÎTÉ FRANÇAISE

1

Qu'en ont-ils fait de l'esprit de nos pères,
Ces jeunes gens austères,
Ces vieillards de vingt ans?
Filles, venez apporter des perruques
Pour ces têtes caduques
Que flétrit le printemps.

2

Quoi! mes amis, verrons-nous en silence,
Sur la terre de France,
Ces graves moucherons
Se rehausser sur leurs jambes roidies,
Comme des tragédies,
Ou comme des hérons?

3

Eh quoi! changer la gaîté diaphane
Pour la morgue anglicane
Ou le flegme germain?
Fermer la porte à cette belle fille,
Dont le regard pétille,
Et qui vous tend la main?

4

Quoi! n'avoir plus de fougue sympathique
Que pour la politique
Et son hideux pathos;
Pour aboyer devant la foule accrue,
Comme on voit, dans la rue,
Des chiens devant un os!

5

Attendez donc que votre corps se penche,
Et qu'une barbe blanche
Vous ait fait écouter;
Et vous aurez alors cet avantage
D'avoir acquis par l'âge
Le droit de radoter.

6

Mais non: j'entends sa voix qui nous appelle
Avec une crécelle
Et des airs triomphants;
Son front vermeil rayonne d'espérance;
La gaîté, c'est la France;
Nous sommes ses enfants.

7

Un pampre vert orne sa chevelure,
Qui jusqu'à sa ceinture
Tombe en festons joyeux.
C'est la beauté qui rit quand on la touche,
Et sait ouvrir la bouche
Sans fermer ses grands yeux.

8

Elle se plaît à l'épigramme folle,
A l'esprit qui s'envole
Sans jamais s'arrêter;
Dans un flacon elle perd la mémoire,
Elle chante après boire
Et boit après chanter.

9

Entre nos bras retenons-la captive,
Et que chaque convive
La couronne de fleurs.
Qu'un monde froid lui refuse un asile:
Donnons-lui domicile
Dans le fond de nos cœurs.

10

Oui, conservons notre longue jeunesse
Dans une forteresse
Qui ne se rendra pas;
A nos neveux léguons cet héritage
Qui vivra d'âge en âge
Après notre trépas.

11

Et si j'étais le dernier de la race
D'Epicure et d'Horace,
Pères des bons vivants,
Avec Adèle, au fond d'une île indigne,
J'irais planter la vigne
Et faire des enfants!

JALOUSIE

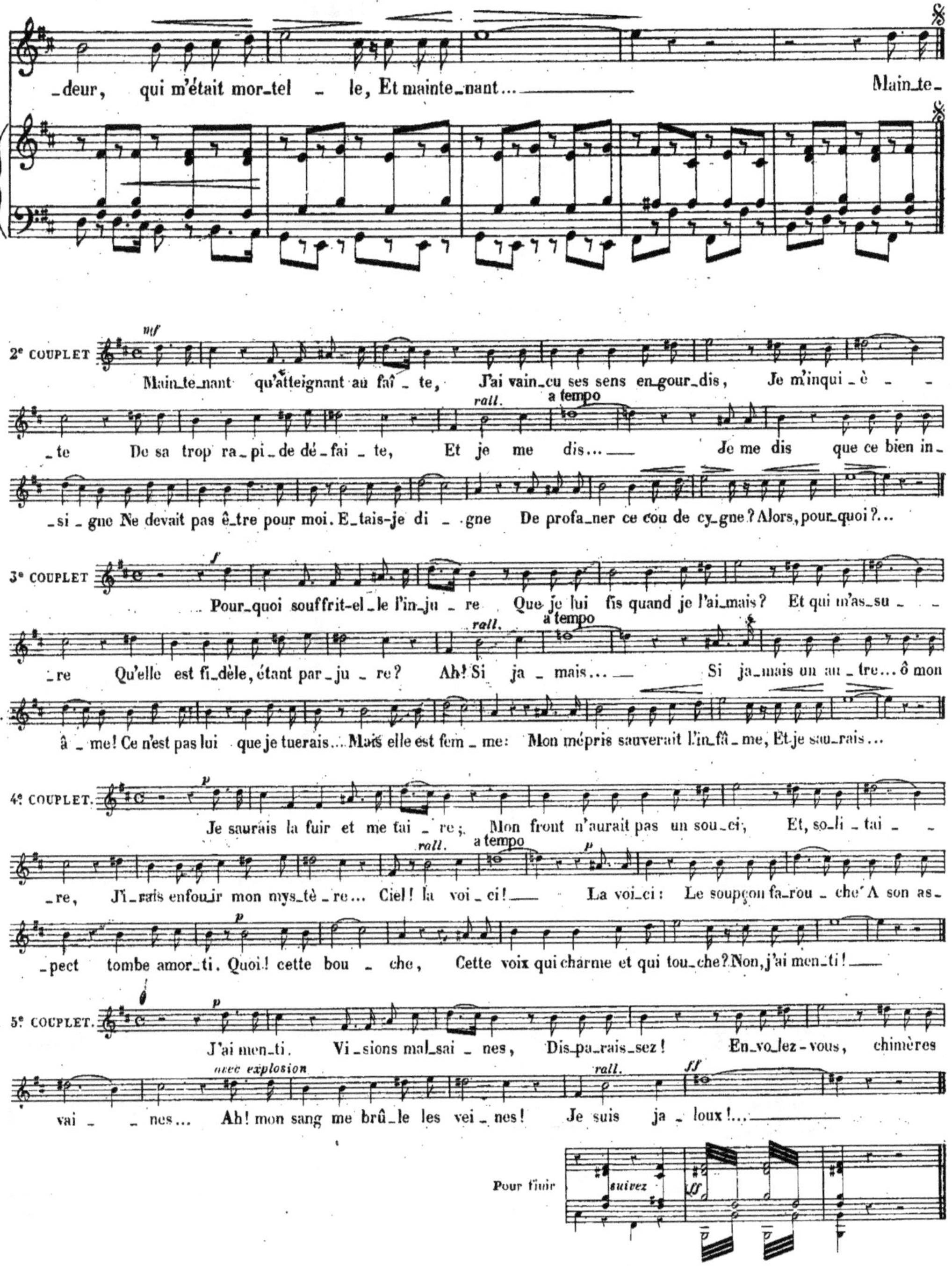
_deur, qui m'était mor_tel _ le, Et mainte_nant... Main_te_
2e COUPLET
mf
Main_te_nant qu'atteignant au faî _ te, J'ai vain_cu ses sens en_gour_dis, Je m'inqui _ è _ _
_te De sa trop ra_pi_de dé_fai _ te, Et je me dis... Je me dis que ce bien in_
rall.
a tempo
_si _ gne Ne devait pas ê_tre pour moi. E_tais-je di _ _gne De profa_ner ce cou de cy_gne? Alors, pour_quoi?...
3e COUPLET
f
... Pour_quoi souffrit-el_le l'in_ju _ re Que je lui fis quand je l'ai_mais? Et qui m'as_su _ _
_re Qu'elle est fi_dèle, étant par_ju _ re? Ah! Si ja _ mais... Si ja_mais un au _ tre... ô mon
rall.
a tempo
â _ me! Ce n'est pas lui que je tuerais... Mais elle est fem _ me: Mon mépris sauverait l'in_fâ _ me, Et je sau_rais...
4e COUPLET.
p
Je saurais la fuir et me tai _ re; Mon front n'aurait pas un sou_ci, Et, so_li _ tai _ _
_re, J'i_rais enfouir mon mys_tè _ re... Ciel! la voi _ ci! La voi_ci: Le soupçon fa_rou _ che A son as_
rall.
a tempo
p
_pect tombe amor_ti. Quoi! cette bou _ che, Cette voix qui charme et qui tou_che? Non, j'ai men_ti!
5e COUPLET.
p
J'ai men_ti. Vi_sions mal_sai _ nes, Dis_pa_rais_sez! En_vo_lez-vous, chimères
vai _ _ nes... Ah! mon sang me brû_le les vei _ nes! Je suis ja _ loux!...
avec explosion
rall.
ff
Pour finir
suivez
ff

L'AVEUGLE DU CAIRE

L'Aveugle du Caire

1

J'ai suivi les aigles du Caire
Dans leur vol autour du soleil,
Sans perdre ma raison précaire,
Ni le regard, ni le sommeil.
Mais de la contrée inconnue
Où sont les sombres Nubiens,
Une femme pâle est venue :
Mes yeux se sont brûlés aux siens.

2

Sa vue a frappé ma paupière
Comme un éclair dans un ciel noir.
Adieu repos, adieu lumière !
Je la suis et ne puis la voir.
Elle fascine par des charmes
Les Arnautes et les Chrétiens,
Et ne sent pas couler mes larmes :
Mes yeux se sont brûlés aux siens.

3

Son corps est un cep qui s'enroule
Autour d'un arbuste élancé
Sur le tapis que son pied foule
Dans un mouvement cadencé.
Sa peau tressaille sous la gaze
En de voluptueux maintiens.
Rêve d'amour, rêve d'extase !
Mes yeux se sont brûlés aux siens.

4

Voyez-la se tordre et s'épandre
Comme la vapeur du chibouck,
Pour moi, je ne peux que m'entendre
L'accompagnant du tarabouck.
Donnez à l'aveugle, à l'Almée
Qui descend de vos rois anciens,
D'un Pharaon, d'un Ptolémée...
Mes yeux se sont brûlés aux siens.

LE RENDEZ-VOUS

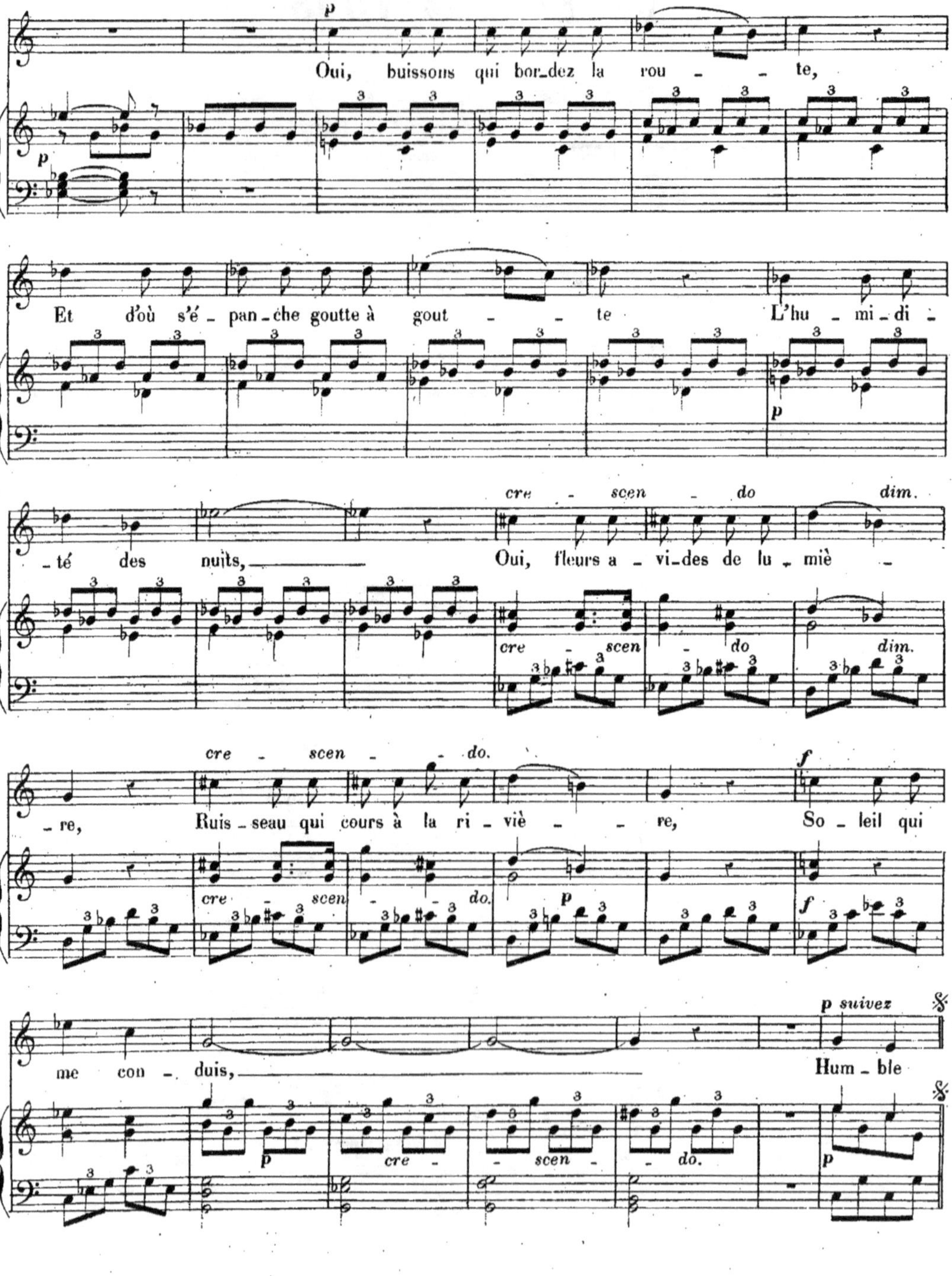
Oui, buissons qui bor_dez la rou - - te,
Et d'où s'é_pan_che goutte à gout - - - te L'hu_mi_di_
_té des nuits, Oui, fleurs a_vi_des de lu_miè -
_re, Ruis_seau qui cours à la ri_viè - - re, So_leil qui
me con_duis, Hum_ble
cre - scen - do
dim.
p suivez

1

Le matin de sa fraîche haleine
Parfume les monts et la plaine;
   Je pars leste et joyeux.
Où je vais, faut-il vous le dire?
Je vais... tous ceux qui savent lire
   Le liront dans mes yeux.

Oui, buissons qui bordez la route,
Et d'où s'épanche goutte à goutte
   L'humidité des nuits;
Oui, fleurs avides de lumière,
Ruisseau qui cours à la rivière,
   Soleil qui me conduis,

2

Humble mousse et chêne superbe,
Insectes de l'air et de l'herbe,
   Ne devinez vous pas,
Gais pinsons fêtant la verdure,
Joie ou larmes de la nature,
   Qu'on nous attend là-bas?

L'amour est dans l'air que j'aspire;
Il est bien mieux dans son sourire,
   Dans ses cheveux flottants.
Vingt fois j'ai compté la distance;
Je n'ai que deux heures d'avance;
   Arriverai-je à temps?

3

O mon cœur, tâchez de vous taire:
Le voici, le bois solitaire
   Où doucement je vais.
Elle ne peut encor m'attendre....
Est-ce une erreur?je crois entendre....
   C'est toi!... Je le savais.

Je te sens expirer et vivre;
Entre mes bras tu tombes ivre
   D'amoureuse langueur.
Restons unis dans cette fièvre,
La lèvre parlant à la lèvre,
   Et le cœur sur le cœur!

4

Que dis-tu? Quoi? L'heure s'achève?
Partir! Mais c'était donc un rêve?
   Déjà tu disparais?
Tu ne parles plus.... je t'écoute,
Et tout seul je reprends ma route.
   Courts plaisirs, longs regrets!

Le corps s'en va, l'âme demeure;
La part qui reste est la meilleure:
   Elle n'est plus à moi.
Dans mon exil comment vivrai-je?
Que l'heure trop lente s'abrège!
   Deux jours, deux jours sans toi!

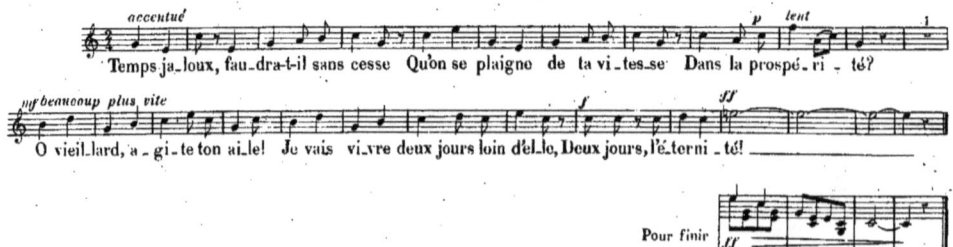

SOUS BOIS

1

Un jour de saison nouvelle,
Je partis seul avec elle
Courir les bois en tous sens..

Qu'en pensèrent les passants ?

2

En entrant dans la clairière,
Nous vîmes sur la lisière
Brouter des troupeaux gloutons.—

Qu'en pensèrent les moutons ?

3

La forêt silencieuse,
Se faisant soudain joyeuse,
Se remplit de nos chansons.—

Qu'en pensèrent les pinsons ?

4

L'herbe était épaisse et douce ;
Comme sur un lit de mousse,
Nous nous sommes endormis.—

Qu'en pensèrent les fourmis ?

5

Après notre petit somme,
Nous nous envolâmes comme
Un couple de papillons.—

Qu'en pensèrent les grillons ?

6

Puis passèrent les journées,
Puis, les mois et les années,
Et notre jeunesse a fui.—

Qu'en pense-t-elle aujourd'hui ?

LA DAME AU PASTEL

La Dame au Pastel

2
« D'abord, essayons de ce rose;
Avec le doigt cela s'étend
Sur la joue, et la fleur éclose
N'a pas un ton plus éclatant.
Voici le noir pour la paupière
Qu'on estompe par des glacis;
Tu peux de la même matière
Allonger l'arc de tes sourcils.
En vain chercherait-on à Sèvres
De plus riches combinaisons....
N'oublions pas le rouge aux lèvres...
    J'ai mes raisons.

3
« Il faudrait encor, ce me semble,
Pour adoucir le coloris,
Répandre sur tout cet ensemble
Un nuage en poudre de riz.
Blanchissons les monts et les plaines
Du dos, de l'épaule et du cou;
Garde un peu de bleu pour les veines
Qui vont se perdre on ne sait où.
Maintenant, admire toi-même
Le chef-d'œuvre que nous faisons.
Te voilà telle que je t'aime....
    J'ai mes raisons. »

4
On peut deviner la tactique
De cet ingénieux mari :
Saisissez le lis magnifique,
Cueillez le papillon fleuri.
Le lis aussitôt se déflore,
Et le pollen vous reste aux doigts.
Femme peinte se décolore
Comme le papillon des bois.
Ne portez sur un tel ouvrage
Ni main ni lèvre.... Mais passons....
Je n'en dirai pas davantage....
    J'ai mes raisons.

JE N'AIMERAI PLUS

2

Ses volontés et ses caprices
Etaient des ordres absolus.
Je suis à bout de sacrifices;
J'ai perdu tout, hormis ses vices.
Dieu merci, je n'aimerai plus!

3

Quoi! recommencer cette vie,
Ces partis-pris irrésolus,
Reprendre la pente suivie?
Non, telle n'est pas mon envie.
Dieu merci, je n'aimerai plus!

4

Quelle misère et que de honte!
Et combien d'efforts superflus
Pour fuir cette vague qui monte!
Le pas est lent, la mer est prompte...
Dieu merci, je n'aimerai plus!

5

Puisque les plus hautes marées
Amènent les plus grands reflux,
Allez, mes ondes retirées,
Couvrir au loin d'autres contrées.
Dieu merci, je n'aimerai plus!

LANLAIRE

1
Avez-vous connu Lanlaire,
Dont nous pleurons le trépas?
De pareils, on n'en voit guère;
De pareils, on n'en voit pas.
　　Lanlaire, lanla.
A peine était-il au monde,
Qu'au lieu de geindre et crier,
Il s'en allait à la ronde
Chanter dans tout le quartier:
　　Va te faire
　　　Lanlaire!
A ce point qu'on l'appela:
　　　Lanlaire,
　　　　Lanla.
　　Va te faire lanlaire,
　　Va te faire lanla!

2
On le mit dans un collége
Pour apprendre le latin;
Il jouait, le sacrilége;
Il fumait, le libertin!
　　Lanlaire, lanla.
Et, quand le maître sévère
Le condamnait au pain sec,
Sa nourriture ordinaire,
Il lui répondait en grec:
　　Va te faire
　　　Lanlaire!
Il ne savait que cela:
　　　Lanlaire,
　　　　Lanla!
　　Va te faire lanlaire,
　　Va te faire lanla!

3
On lui dit: Va-t'en où reste;
Sois soldat. — C'est trop frugal.
— Médecin.... — Je suis modeste.
— Commerçant.... — Je suis loyal.
　　Lanlaire, lanla!
— Tu veux donc être notaire?
— La charge est lourde à payer.
— Puisque tu ne sais rien faire,
Sois avocat ou boursier.
　　— Va te faire
　　　Lanlaire!
Le diable a passé par là,
　　　Lanlaire,
　　　　Lanla!
　　Va te faire lanlaire,
　　Va te faire lanla!

4
— Qu'êtes-vous en politique?
— Moi? Je n'ai jamais changé.
— Aimez-vous la république?
— J'aime toujours ce que j'ai.
　　Lanlaire, lanla!
— Etes-vous légitimiste?
— Je suis toujours de mon temps.
— Seriez-vous socialiste?
— Nous verrons dans cinquante ans.
　　Va te faire
　　　Lanlaire!
Mon système, le voilà:
　　　Lanlaire,
　　　　Lanla!
　　Va te faire lanlaire,
　　Va te faire lanla!

5
Il ne plaçait la sagesse
Que dans les plaisirs permis,
Changeant souvent de maîtresse,
Ne changeant jamais d'amis.
　　Lanlaire, lanla!
On voulut lui faire prendre
Femme aimable et grosse dot.
Moi, dit-il, j'irais me vendre,
Et demain le premier sot
　　Va me faire
　　　Lanlaire....
Comment nommez-vous cela?
　　　Lanlaire,
　　　　Lanla!
　　Va te faire lanlaire,
　　Va te faire lanla!

6
Il ne fit rien en sa vie,
Pour ne pas faire le mal;
Il fut pauvre sans envie;
Il vécut au sol natal.
　　Lanlaire, lanla!
Il resta célibataire,
Et même il n'eut pas d'enfants;
Si tu crois trouver sur terre
Beaucoup de ses descendants,
　　Va te faire
　　　Lanlaire!
On n'en fait plus, de ceux-là!
　　　Lanlaire,
　　　　Lanla!
　　Va te faire lanlaire,
　　Va te faire lanla!

LE CRÉANCIER DES FILLETTES

Le Créancier des fillettes

Qui je suis ?
Mais je suis,
Je poursuis
Les fillettes
Gentillettes:
Je suis le poursuivant,
Le cavalier servant
Des fillettes.

1

Puis, puis, puis,
Je poursuis
A la piste
La modiste
Qui va trottant à petits pas,
Avec un carton sous le bras.
Je l'appelle:
‹Vous plairait-il, mademoiselle,
Qu'à titre d'oncle ou de cousin,
On vous offrît un magasin?
—Vrai! dit-elle?›—

Oui, je suis,
Vrai! je suis,
Je poursuis
Les fillettes
Gentillettes:
Je suis le poursuivant,
Le cavalier servant
Des fillettes.

2

Puis, puis, puis,
Je poursuis
Dans la rue
Une grue
Qui va cherchant des écriteaux
Correspondant aux Blancs-Manteaux.
Je l'engage
A me confier son bagage,
A me confier ses secrets:
‹Je suis prêteur sans intérêts...
Mais sur gage.›

Car je suis,
Oui, je suis,
Je poursuis
Les fillettes
Gentillettes:
Je suis le poursuivant,
Le cavalier servant
Des fillettes.

3

Puis, puis, puis,
Je poursuis
La grisette
Qui me guette,
L'œil éveillé, le nez au vent,
Accorte derrière et devant.
Je lui montre
Les nouveautés mises en montre,
Les manteaux de confection,
Les bijoux d'imitation
Et la montre.

Car je suis,
Oui, je suis,
Je poursuis
Les fillettes
Gentillettes:
Je suis le poursuivant,
Le cavalier servant
Des fillettes.

4

Puis, puis, puis,
Je poursuis
L'ouvrière
Libre et fière,
Qui se rend à son atelier,
Sous la coiffe et le tablier.
Je l'aborde:
Je lui propose, comme exorde,
L'amer ou le bouillon Duval
Contre un petit baiser banal...
Qu'elle accorde.

Car je suis,
Oui, je suis,
Je poursuis
Les fillettes
Gentillettes:
Je suis le poursuivant,
Le cavalier servant
Des fillettes.

5

Puis, puis, puis,
Je poursuis
Brune ou blonde,
Maigre ou ronde,
Ayant l'ensemble ou le morceau,
Le pied, la taille ou le museau.
Je l'arrête:
Comme une reine je la traite,
Et plus d'une m'a répondu,
Si je n'ai pas mal entendu:
‹Vieille bête!›

Que je suis.
Car je suis,
Je poursuis
Les fillettes
Gentillettes:
Je suis le créancier,
D'autres disent l'huissier
Des fillettes.

L' ATTENTE

1

J'attends mon amie.
Je l'attends, l'œil arrêté
Sur le cadran argenté.
Aiguille endormie,
Comme moi vous l'attendez;
J'avance et vous retardez.
J'attends mon amie.

2

J'attends mon amie,
Tout est prêt; je vois là-bas
Nos fauteuils, qui ne sont pas
De l'Académie,
Et le tabouret boiteux
Où quatre pieds en font deux.
J'attends mon amie.

3

J'attends mon amie.
Voici les fleurs de saison;
Elle apporte en ma maison
Son économie;
Elle ne veut qu'un bouquet
De lilas ou de muguet.
J'attends mon amie.

4

J'attends mon amie.
Je lis un livre récent;
Il me paraît amusant
Comme Jérémie;
Et je ne me souviens plus
Des chapitres que j'ai lus.
J'attends mon amie.

5

J'attends mon amie.
L'heure!... aurait-elle oublié?...
Ah! mon âme, par pitié,
Restez affermie.
Au rendez-vous indiqué
A-t-elle jamais manqué?
J'attends mon amie.

6

J'attends mon amie.
Si pourtant quelque malheur?...
Hier, je voyais sa pâleur...
Déjà la demie!
Aiguille, vous avancez...
Non, car vous me l'annoncez:
J'entends mon amie.

LE LANSQUENET

1

Entrez; c'est ici que se joue
Le lansquenet intelligent.
La Fortune a toujours sa roue...
Va te promener, mon argent!

Banque ouverte et table servie;
Voici la victime et l'agent;
C'est une image de la vie...
Va te promener, mon argent!

2

Tout ou rien! Qu'on perde ou qu'on gagne,
Il faut courir au plus urgent.
Banco pour le nord de l'Espagne!
Va te promener, mon argent!

Fi de la première hypothèque!
Tout soldat veut être sergent;
Tout curé veut mourir évêque.
Va te promener, mon argent!

3

Nous avons peut-être un confrère
A l'esprit vif et diligent:
Fondons un recueil littéraire.
Va te promener, mon argent!

Il a fait quelques poésies;
Son début fut encourageant.
Banco pour ses œuvres choisies...
Va te promener, mon argent!

4

Accomplissons un sacrifice:
Au pauvre il faut être indulgent,
Banco! C'est lui rendre service.
Va te promener, mon argent!

Pour celui-ci, je le crois riche;
A l'emprunt il est exigeant.
Banco! Se peut-il bien qu'il triche?
Va te promener, mon argent!

5

Plus d'un avocat de tribune
Sut jadis, en nous dirigeant,
Nous attacher à sa fortune...
Va te promener, mon argent!

Merci de sa foi politique!
Le pouvoir est trop engageant.
Banco pour feu Caton d'Utique..:
Va te promener, mon argent!

6

Pour n'être pas millionnaire,
Autant vaut rester indigent.
Banco pour mon propriétaire!
Va te promener, mon argent!

On a vu bien des saltimbanques
Avant et depuis le Régent.
Banco pour les nouvelles banques!
Va te promener, mon argent!

7

J'aimais autrefois une femme
Que je connus en voyageant.
Elle m'avait volé mon âme.
Va te promener, mon argent!

Tout se comprend et tout s'explique:
J'ai cru fidèle un cœur changeant.
Banco pour la dame de pique!
Va te promener, mon argent!

LOUISE

Louise

Sté Gle des Applications Photographiques, 7, rue d'Argenteuil, Paris.

2
Vous dire de quelle façon
L'amour m'entraîna devers elle....
Toujours cette vieille chanson
Contient quelque note nouvelle.
    Elle avait des chants
    Si doux et touchants,
Qu'il faut toujours qu'on les redise.

    Combien de jours,
    O mes amours,
Durerez-vous avec Louise?

3
Ah! malgré tout, il restera
Au fond du cœur une croyance;
La blessure se rouvrira,
Que referme l'expérience.
    Je veux croire en toi;
    Garde-moi la foi
Que tu ne m'avais pas promise....

    Combien de jours,
    O mes amours,
Durerez-vous avec Louise?

4
Regarde le bout du chemin,
Et compte l'heure qui s'envole.
Non. Que nous importe demain,
Puisque aujourd'hui nous tient parole?
    Reste entre mes bras,
    Et ne comptons pas:
Que «toujours» soit notre devise!...

    Combien de jours,
    O mes amours,
Durerez-vous avec Louise?

RÊVES ET RÉALITÉS

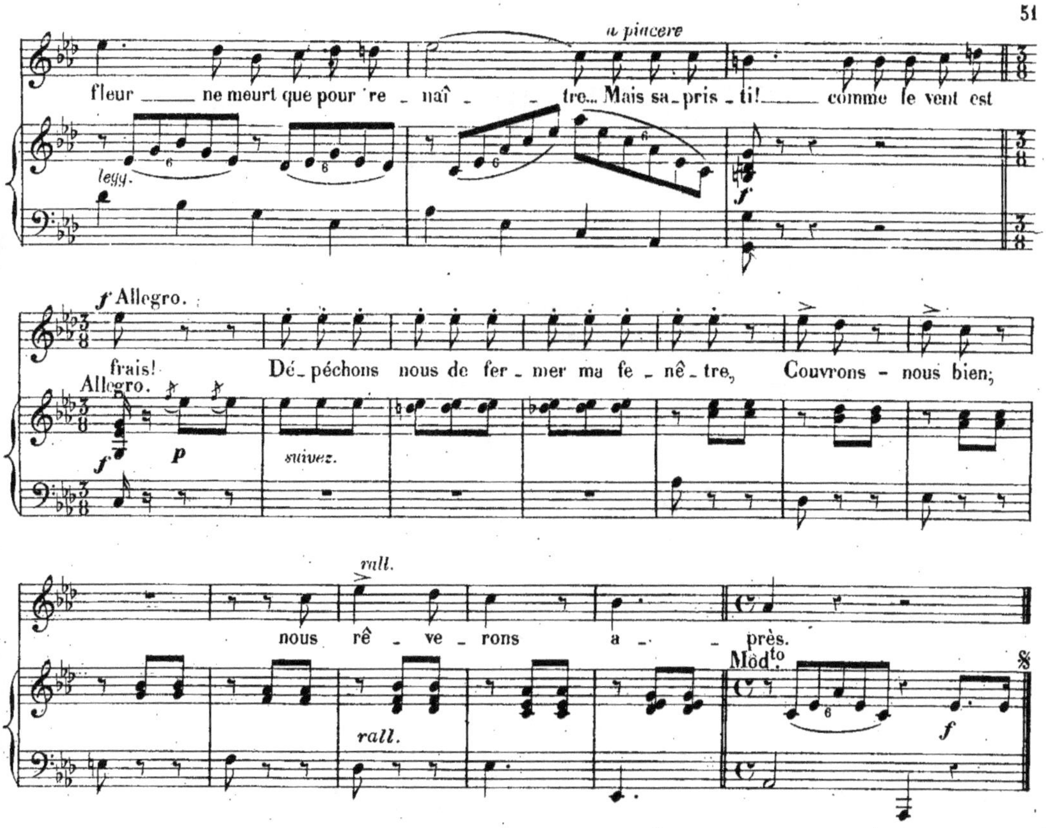
a piacere
fleur ___ ne meurt que pour re _ naî _ _ tre... Mais sa_pris _ ti! ___ comme le vent est
legg.
f
f Allegro.
frais! Dé_péchons nous de fer _ mer ma fe _ nê _ tre, Couvrons - nous bien;
Allegro.
f p
suivez.
rall.
nous rê _ ve _ rons a _ _ près.
rall.
Mod^to.
f

2

Oui, je le sens, le ciel me vivifie;
L'air est plus pur et le soleil plus chaud.
Tous ces humains dévorés par l'envie,
Qu'ils sont petits, regardés de si haut!
Ce vil métal dont la terre fait gloire....
On frappe....Entrez.... Hélas! je l'ignorais:
C'est mon tailleur orné de son mémoire.
Payons toujours; nous rêverons après.

3

Quels sentiments s'emparent de mon être?
C'est la vertu, c'est la foi, c'est l'amour:
Non cet amour qu'un seul jour a fait naître,
Et qui s'enfuit emporté par un jour;
Mais cette flamme idéale et rêveuse....
On frappe encore.... Ah! c'est un fait exprès!
Je n'ouvre pas... Tiens, c'est ma blanchisseuse!
Entrez, Anna.... nous rêverons après.

4

Découvrez-vous, champs de la poésie,
Sur mon chemin épanchez vos trésors.
Qu'avec vos dieux je goûte l'ambroisie;
Que le nectar pour moi coule à pleins bords!
Ah! prolongez ma mortelle existence!...
Mais le soir vient... O douleur! ô regrets!
Mon estomac réclame sa pitance!
Allons dîner; nous rêverons après.

LA CHANSON DE TRENTE ANS

1

Le temps fuit, ma belle maîtresse ;
  Nous voici rendus
A l'endroit où la route baisse,
  Pour ne monter plus.
Regarde l'horizon céleste
  Qui va se fermer.
Dépensons l'argent qui nous reste ;
Laisse-moi, laisse-moi t'aimer.

2

Dans tes yeux je puisais l'ivresse :
  Ils vont se ternir ;
Ils n'auront de notre jeunesse
  Que le souvenir.
Le soleil, qu'incline l'automne,
  Perdra tous ses feux.
Mais sa flamme en tes yeux rayonne,
Laisse-moi contempler tes yeux.

3

Ton front était pur et limpide :
  Les ans accomplis
Vont bientôt marquer d'une ride
  Ce marbre sans plis.
Tes cheveux tomberont sans gloire,
  Blanchis par le temps ;
Mais ta chevelure est si noire !
Livre-moi tes cheveux flottants.

4

Quand l'hiver étendra sa glace
  Sur ces traits creusés,
Ta joue aura perdu la trace
  De mes longs baisers.
Ta lèvre aura perdu, ma belle,
  Ses sourires d'or.
Mais ta bouche est la fleur nouvelle,
Laisse-moi t'embrasser encor.

5

Tu n'auras plus ce cou d'hermine
  Que je découvrais,
Ni cette taille souple et fine
  Que tu me livrais,
Ni ta gorge non retenue
  Que j'aimais alors....
Mais si riche est ta gorge nue !
Laisse-moi compter mes trésors.

6

Quoi ! Plus rien, ma belle maîtresse,
  Plus rien aujourd'hui ?
Les désirs, fils de la jeunesse,
  Avec elle ont fui.
Quoi ! rien, quand s'éteint cette flamme,
  Pour la rallumer ?
Mais l'amour embrase mon âme !
Laisse-moi, laisse-moi t'aimer.

LA GLORIEUSE

Madeleine Lemaire Del.
La Glorieuse
Sgap Sc.

S.^{té} G.^{le} des Applications Photographiques, 7, rue d'Argenteuil, Paris.

1

Elle était devant son miroir,
Lissant le double bandeau noir
De sa chevelure soyeuse;
Elle dit d'un ton dédaigneux:
Comment trouvez-vous mes cheveux?»
    La glorieuse!

2

«On m'a dit souvent que mes yeux
Sont aussi profonds que les cieux,
Surtout quand je suis sérieuse.
Voulez-vous vous en assurer?
Tâchez de me faire pleurer.»
    La glorieuse!

3

«Pour ma bouche, c'est différent;
Je n'ai d'orgueil en la montrant
Que les jours où je suis rieuse.
Mes dents ont des reflets nacrés;
Faites-moi rire, vous verrez.»
    La glorieuse!

4

«Et puis, ne remarquez-vous pas
La blancheur mate de mon bras,
Et cette ligne harmonieuse
Qui va de l'épaule au menton,
Beauté de sculpteur, me dit-on?»
    La glorieuse!

5

«Vous n'avez non plus jamais dit
Que j'ai le pied petit, petit,
Que ma taille est délicieuse.
Je n'en tire pas vanité;
Mais on me l'a tant répété!»
    La glorieuse!

6

« Si vous n'êtes pas fou de moi,
Je ne puis comprendre pourquoi.
Répondez, je suis curieuse.
Me trouvez-vous quelque défaut?»—
Alors, je m'écriai tout haut:
    « La glorieuse!»—

7

« Oui, glorieuse, c'est cela!
Il me faut, sous ce titre-là,
Une chanson vive et joyeuse!»—
Pendant deux jours j'ai résisté,
Et, le troisième, j'ai chanté:
    « La glorieuse.»

LES ÉTRENNES DE JULIE

2

Mais l'argent, c'est le fond du vase,
C'est le dernier charme détruit;
C'est la réalité sans gaze,
C'est l'Amour en bonnet de nuit;
C'est, dans sa dernière folie,
Cupidon goutteux et cassé;
L'argent, avouez-le, Julie,
    C'est le passé.

3

Les bijoux, c'est l'amour aimable
Qui croit en vous par vanité,
Qui, sans cesser d'être agréable,
Déjà songe à l'utilité.
L'or, qui sur votre cou se plie,
Peut se vendre en un cas pressant.
Les bijoux, voyez-vous, Julie,
    C'est le présent.

4

Ces bonbons qui vous font sourire,
C'est l'illusion de vingt ans,
La croyance aux ailes de cire
Que fond le soleil du printemps;
C'est l'espérance non remplie
Qui va rêvant des cieux d'azur.
Les bonbons, ma chère Julie,
    C'est le futur.

5

L'an prochain, à pareille fête,
Le futur sera le présent;
Le passé prendra sa retraite;
Le présent sera-t-il présent?
Je sais que vous êtes jolie;
Mais le temps est si rigoureux!
Vous n'aurez pas toujours, Julie,
    Trois amoureux.

AUGUSTE

ÉTUDIANT DE DIXIÈME ANNÉE

1

Auguste est un étudiant
Qui fit son droit à la Chaumière,
Toujours chantant, jouant, riant;
Aujourd'hui, c'est une autre affaire;
Il se range et devient austère.

Oui, mais plus d'un voisin prétend
Qu'il ne peut plus faire autrement.
  C'est juste:
   Mariez-vous, Auguste.

2

Il avait des amis barbus,
Vieux compagnons de ses bombances;
Maintenant on ne le voit plus
Hanter les cafés, ni les danses,
Ni ses mauvaises connaissances.

Parbleu! c'est qu'il n'a plus d'amis,
Ils sont avocats ou commis.
  C'est juste:
   Mariez-vous, Auguste.

3

Il n'était bruit dans son quartier
Que de ses galantes prouesses;
Il scandalisait son portier;
Maintenant il fait cent promesses
De n'avoir plus que deux maîtresses.

Mais sa portière me soutient
Que pas une, hélas! ne revient.
  C'est juste:
   Mariez-vous, Auguste.

4

Il avait trente créanciers:
D'abord sa blanchisseuse Annette,
Ses tailleurs et ses chapeliers,
Et sa marchande à la toilette:
Mais il ne fait plus une dette.

Sans doute: son traiteur me dit
Qu'on ne lui fait plus de crédit.
  C'est juste:
   Mariez-vous, Auguste.

5

Il ne sera pas avoué
Pour gruger la pauvre pratique,
Agent d'affaires trop roué,
Notaire filant en Belgique,
Ni même avocat platonique.

Parbleu! dit-on, je le crois bien,
Puisqu'il ne sera jamais rien.
  C'est juste:
   Mariez-vous, Auguste.

LE VEAU

1

L'autre jour, dans un herbage
Par aventure passant,
Je vis un troupeau paissant
En famille sous l'ombrage.
Un veau de trois mois et quart,
Qui ruminait à l'écart,
Me cria dans son langage:

« Je suis veau;
Serai-je bœuf, ou taureau?

2

« Quand je vois bœuf immobile
N'avoir point d'autre embarras
Que d'être luisant et gras,
Je me dis: Bœuf est tranquille.
Oui, mais c'est un grand danger
Que d'être bon à manger
Quand on s'en va vers la ville.

« Je suis veau;
Serai-je bœuf, ou taureau?

3

« Quand je vois une génisse
A peau fine, à poil soyeux,
Je me dis: Taureau vaut mieux;
Et je veux qu'on nous unisse...
Oui, mais on dit que l'amour
Persécute nuit et jour
Ceux qu'il prend à son service.

« Je suis veau;
Serai-je bœuf, ou taureau?

4

« Si je parle politique,
Bœuf est un bon potentat
Qui gouverne son État
Sur un trône pacifique.
Taureau, c'est le conquérant;
Le pré n'est pas assez grand
Pour son sceptre prolifique.

« Je suis veau;
Serai-je bœuf, ou taureau?

5

« Je consulte père et mère;
Voici leur avis tout neuf:
Le plus sage est d'être bœuf,
Si j'en crois taureau mon père.
Oui, mais voici du nouveau:
Mieux est de rester taureau,
Si j'en crois vache ma mère.

« Je suis veau;
Serai-je bœuf, ou taureau? »

6

J'interrompis ce novice
En disant: Jeune animal,
Garde ton état normal;
Puis, s'il faut un sacrifice...
— Bon, répondit-il, tu crois
Qu'on va me laisser le choix?
Conseilleurs, Dieu vous bénisse!

« Je suis veau;
Serai-je bœuf, ou taureau? »

EST-CE TOUT?

QUINZE AVRIL

1

Je demande à mon amie
Par quelle erreur
Elle a pris l'économie
En sainte horreur;
Pourquoi, n'ayant pas les vices
Des filles d'or,
Elle en a tous les caprices
Et plus encor?
Elle répond haut et ferme
Dans son babil:
« Je suis née un jour de terme,
Le quinze avril. »

2

C'est en effet la journée
Où dans nos doigts
Glisse la somme épargnée
Durant trois mois;
C'est l'époque où tout programme
Se fait nouveau,
Où le serpent et la femme
Changent de peau,
Où la laine se renferme,
Pour le coutil:
Elle est née un jour de terme,
Le quinze avril.

3

Il faut bien qu'elle produise
Trois mois avant
Tout ce qui sera de mise
L'été suivant.
Puis la floraison des roses
Viendra bientôt;
Elles ne sont pas écloses
Qu'il les lui faut.
C'est l'heure où la vigne germe,
Non sans péril:
Elle est née un jour de terme,
Le quinze avril.

4

Elle me traite d'avare
Si je prétends
Que le chasselas est rare
Dans le printemps.
Parfois enfin je me fâche,
Puis, tout confus,
Je transige comme un lâche,
Car un refus,
C'est la poudre qu'on enferme
Dans le baril:
Elle est née un jour de terme,
Le quinze avril.

5

Elle a des fêtes sans nombre
Qu'elle connaît;
Pas un saint ne reste à l'ombre
Dans son carnet.
C'est la sainte Mousseline,
Le saint Bijou,
La déesse Crinoline,
Le dieu Joujou;
Et moi je suis le dieu Terme
Mis sur le gril:
Elle est née un jour de terme,
Le quinze avril.

6

Je me plume et me dédore;
Mais, entre nous,
Elle m'aime et je l'adore:
Que voulez-vous ?
Une femme qu'on possède
Chez soi, pour soi,
Et qui n'est vraiment pas laide
Dans son emploi,
Cela flatte l'épiderme;
C'est si gentil !
Elle est née un jour de terme,
Le quinze avril.

LA FILLE DE L'AMOUR

La fille de l'Amour

2

Moins de saveur ont les fruits doux,
Moins d'incarnat, les fleurs écloses;
On n'a rien ménagé pour vous;
Vos parents ont bien fait les choses.
Le printemps doit, à son retour,
Saluer votre anniversaire;
Vous êtes fille de l'Amour;
Méfiez-vous de votre père.

3

Votre père est un vieux chasseur
Qui respecte peu les novices;
Ses yeux affectent la douceur;
Sa bouche est pleine d'artifices.
Si vous l'hébergez un seul jour,
Il devient votre hôte ordinaire.
Vous êtes fille de l'Amour;
Méfiez-vous de votre père.

4

Voici venir l'été vermeil;
Le pré verdit, le bois est sombre;
Craignez les ardeurs du soleil,
Et fuyez les dangers de l'ombre.
Tout chante au terrestre séjour;
Ne maudissez pas votre mère....
Vous êtes fille de l'Amour;
Méfiez-vous de votre père.

PIERRETTE ET PIERROT

2
Un cou d'une blancheur parfaite,
Avec de charmants environs;
Des cheveux bruns, des yeux marrons:
    Voilà Pierrette.

La tournure d'un vieux magot,
Des cheveux roux, un œil verdâtre,
Un nez qu'on ne voit qu'au théâtre:
    Voilà Pierrot.

On dit en confidence
Qu'ils se vont épouser.
Qu'en pensez-vous?_Je pense
Que Pierrot devrait refuser.

3
Regard mutin, mine coquette,
La malice avec l'enjoûment,
Feu de novice et cœur d'enfant:
    Voilà Pierrette.

La conversation d'un pot,
Des yeux malins comme des bornes
Et l'esprit d'une bête à cornes:
    Voilà Pierrot.

On dit en confidence
Qu'ils se vont épouser.
Qu'en pensez vous?_Je pense
Que Pierrot devrait refuser.

4
Voilà que la nôce s'apprête;
A l'église on court se ranger;
Robe blanche et fleur d'oranger:
    Voilà Pierrette.

Pierrot dit oui, comme un grand sot;
Puis aussitôt chacun de dire
Qu'on a vu Pierrette sourire....
    Voilà Pierrot!...

Deja Pierrette danse
Avec un invité.
Qu'en pensez vous?_Je pense
Que Pierrot l'a bien mérité.

LA KERMESSE

1

Entends-tu là-bas
Les joyeux ébats?
Javotte, c'est la kermesse:
Par tous les sentiers,
Bourgeois et fermiers,
Chacun s'agite et se presse.

La danse va commencer
Superbe;
Ma Javotte, viens danser
Sur l'herbe.

2

Couples assortis,
L'un sur l'autre assis,
S'embrassent sous le feuillage;
Et les vieux époux,
Dessus et dessous,
A table font mariage.

La foule, entre quatre ormeaux,
Se presse;
L'orchestre, sur deux tonneaux,
Se dresse.

3

L'archet a crié;
Chacun est sur pié;
Filles et garçons, en place!
On n'invite pas:
On prend par le bras
La plus belle ou la plus grasse.

Chaque visage se teint
De joie,
Ou, dans un grand pot d'étain,
Se noie.

4

Robes, cotillons,
Cheveux bruns ou blonds,
Blancs bonnets avec dentelle,
Tabliers, mouchoirs,
Rouges, blancs ou noirs,
Tout court, tout crie et se mêle.

Des cheveux jusqu'aux talons,
Tout tremble:
Viens, Javotte, brimbalons
Ensemble.

5

J'aime tes yeux bleus,
Et tes grands cheveux
Blonds comme des grains d'avoine;
Tes grosses couleurs
Sont comme des fleurs
De pavot ou de pivoine.

On doit s'embrasser après
La danse:
Javotte, nous serons prêts
D'avance.

6

Sautons comme il faut,
Bien fort et bien haut,
Pour qu'on nous regarde faire;
Puis nous tournerons
En faisant des ronds,
Des ronds à rouler par terre.

Et si quelque autre amoureux
Te lorgne,
Tant pis s'il revient boiteux
Ou borgne!

7

Et puis, à la fin,
Quand nous aurons faim,
Nous irons à la gargotte:
Là, nous souperons,
Et puis nous rirons,
Et puis nous... rirons, Javotte.

OSCAR L'IRRÉSISTIBLE

Oscar l'Irrésistible

1

Qu'elles soient prudes ou coquettes,
Tourner, tourner il faut les voir
Les femmes sont les alouettes,
Et moi, moi, je suis le miroir.

Me résister est impossible;
Dès mon enfance on m'appela:
   Oscar l'Irrésistible...
     Et puis, voilà!

2

Je connus un jour en Autriche
Une dame de qualité.
Elle était laide; elle était riche;
Je devins fou de sa beauté.

Me résister est impossible;
Dès mon enfance on m'appela:
   Oscar l'Irrésistible...
     Et puis, voilà!

3

J'ai partout enfoncé les portes;
J'ai pris, avec ou sans combats,
Machicoulis et places fortes
Où le haut protège le bas.

Me résister est impossible;
Dès mon enfance on m'appela:
   Oscar l'Irrésistible...
     Et puis, voilà!

4

J'ai toujours couru quatre à quatre
Après la fortune; mais quoi?
Elle refuse de combattre;
Mon ennemi fuit devant moi.

Me résister est impossible;
Dès mon enfance on m'appela:
   Oscar l'Irrésistible...
     Et puis, voilà!

5

On m'avait dit: Cette géante
Ne se mariera pas.—Pourquoi?
—Elle pèse trois-cent-cinquante.—
Elle est ma femme, elle est à moi!

Me résister est impossible;
Dès mon enfance on m'appela:
   Oscar l'Irrésistible...
     Et puis, voilà!

LES GROS MOTS

1

Contons une histoire badine,
Sans reculer devant les mots.
Il est sûr, comme a dit Racine,
Que les meilleurs sont les plus gros.
Jeannot, villageois jeune et riche,
Rencontra Rose dans un pré,
Elle, simple comme une biche,
Lui, comme un vieux chasseur, madré.
Il lui dit.... Que put-il lui dire?
Ah! bah! lâchons le mot pour rire:
Il lui dit..., il lui dit...: «Bonjour!»
   Ma foi, je le lâche;
Tant pis pour celui qui s'en fâche!
   Il lui dit: «Bonjour!»
Et voilà comme on fait l'amour.

2

C'est que Rose était une blonde,
Mais blonde comme on n'en voit pas:
Grande, avec une taille ronde,
Large du haut, mince du bas.
Jeannot, plein d'ardeur et d'audace,
Allait, toutes voiles dehors;
Mais, avant d'investir la place,
Il se rendit maître des forts.
Il lui prit.... Que put-il lui prendre?
Ah! bah! pourquoi vous faire attendre?
Il lui prit... il lui prit... la main!
   Ma foi, je le lâche;
Tant pis pour celui qui s'en fâche!
   Il lui prit la main;
Voilà comme on fait du chemin.

3

Pourtant je ne saurais vous taire
Que Jeannot tremblait bien un peu;
Il était comme un volontaire
Qui n'a pas encor vu le feu.
Il restait, la main dans la poche,
Ne sachant comment se tenir;
Son cœur battait comme une cloche;
Mais bref, il fallait en finir.
Il lui dit.... Que dit-il encore?
Ah! bah! parlons sans métaphore.
Il lui dit... il lui dit...: «Adieu!»
   Ma foi, je le lâche;
Tant pis pour celui qui s'en fâche!
   Il lui dit: «Adieu!»
Et voilà comme on marche au feu.

4

Mais voilà bien une autre histoire;
Le conte ne finit pas là
Jeannot.... Qui donc aurait pu croire
Qu'il fût capable de cela?
Il lui fit... (Rose était si sage,
Qu'on n'y voulait ajouter foi),
Il lui fit... (mais tout le village
Peut vous l'affirmer comme moi),
Il lui fit.... Que put-il lui faire?
Ah! bah! ce n'est plus un mystère:
Il lui fit... il lui fit... la cour!
   Ma foi, je le lâche;
Tant pis pour celui qui s'en fâche!
   Il lui fit la cour;
Voilà ce que c'est que l'amour.

LE TRAIN DES MARIS

1

A la gare Saint-Lazare,
Tous les samedis d'été,
Un torrent précipité
De chaque wagon s'empare.
Ce sont les époux tritons;
Ils vont retrouver leurs femmes
Qui se plongent dans les lames
Des bains normands ou bretons.

    Paris à Trouville,
    Trouville à Paris.
    L'autre soir j'ai pris,
    Comme un imbécile,
    L'autre soir j'ai pris
    Le train des maris.

2

Tous ces avocats barbares,
Ces financiers belliqueux,
Vont emportant avec eux
Des cartes et des cigares.
On n'arrête point l'essor
De leur phalange intrépide:
Cent Jasons dans la Colchide
Cueilleront cent toisons d'or.

    Paris à Trouville,
    Trouville à Paris.
    L'autre soir j'ai pris,
    Comme un imbécile,
    L'autre soir j'ai pris
    Le train des maris.

3

Je trouvais dans mon enfance
Que tout le monde était vieux.
Est-ce une erreur de mes yeux?
Est-ce un effet de distance?
Maintenant je ne vois plus
Que des jeunes gens superbes,
Des stagiaires imberbes
Et des maris chevelus.

    Paris à Trouville,
    Trouville à Paris.
    L'autre soir j'ai pris,
    Comme un imbécile,
    L'autre soir j'ai pris
    Le train des maris.

4

Adieu les soucis d'affaires,
Les embarras du carnet,
Les ennuis du cabinet!
Ils voguent vers d'autres sphères.
Ils ont pris un bon moyen
Contre les déconvenues:
Leurs femmes sont prévenues,
Ils ne craignent rien, rien, rien.

    Paris à Trouville,
    Trouville à Paris.
    L'autre soir j'ai pris,
    Comme un imbécile,
    L'autre soir j'ai pris
    Le train des maris.

5

Des écoliers en vacances
Ne sont pas plus insoumis;
Ils font devant les commis
Mille et mille extravagances.
Le train va comme le vent;
C'est Zéphire qui le mène.
Ayant jeûné la semaine,
Ils ont faim en arrivant.

    Paris à Trouville,
    Trouville à Paris.
    L'autre soir j'ai pris,
    Comme un imbécile,
    L'autre soir j'ai pris
    Le train des maris.

6

Quel beau jour que le dimanche!
On s'éveille en un chalet.
Dans sa tasse, au lieu de lait,
On verse la crème blanche.
A l'ombre d'un tamaris
On se couche sur le sable,
Et, le soir, méconnaissable,
Ménélas devient Pâris.

    Paris à Trouville,
    Trouville à Paris.
    L'autre soir j'ai pris,
    Comme un imbécile,
    L'autre soir j'ai pris
    Le train des maris.

7

Après deux fois vingt-quatre heures,
Comme à Capoue autrefois,
Doivent les Carthaginois
Quitter ces douces demeures.
Les chats laissent les souris;
Ils s'en vont la tête basse:
Convoi de première classe!
C'est le retour des maris.

    Paris à Trouville,
    Trouville à Paris.
    L'autre soir j'ai pris,
    Comme un imbécile,
    L'autre soir j'ai pris
    Le train des maris.

LETTRE D'UN ÉTUDIANT À UNE ÉTUDIANTE

La lettre de l'Étudiant

Je t'ai promis, petite folle,
De t'écrire au moins une fois,
Avant ma rentrée à l'école;
J'obéis toujours, tu le vois.

Que te dirai-je? Que je t'aime....
Méchante, vous le savez bien.
Puis, tu me répondrais de même,
Et cela ne prouverait rien.

Parlons plutôt de mon voyage:
Je m'amuse comme un enfant;
Je suis chez mon oncle-héritage
De qui tu rêves si souvent.

Toi qui n'as jamais, que je pense,
Dépassé Saint-Cloud ou Pantin,
Tu te figures que la France
N'existe qu'au pays Latin.

Détrompe-toi, ma bonne amie,
La province a des habitants
Qui vivent avec bonhomie,
Et qui sont toujours bien portants.

Ils ont un soleil magnifique,
Un air pur, un vaste horizon;
Depuis que le printemps abdique,
L'automne est la douce saison.

Je vois d'ici des paysages
Comme on en peint dans les tableaux;
Les prés, les bois et les villages
Posent exprès sur les coteaux.

Là-haut, la butte aride et sèche;
J'y chasse, sans savoir pourquoi;
Là-bas, la rivière où je pêche,
Ce qui me fait penser à toi.

Puis, c'est une saveur champêtre
Qui semble sortir du terroir;
Des paysans, sans me connaître,
En passant, me disent bonsoir.

Tu ne te doutes pas des choses
Que l'on peut apprendre en courant:
Sais-tu ce qui produit les roses?—
Des rosiers.— Cela te surprend;

Car tu n'as jamais lu Malherbe,
Ni Buffon, ni monsieur Cousin.
On fait le foin avec de l'herbe,
Et le vin avec du raisin.

Une autre chose que j'admire,
Ce sont les moulins: c'est charmant;
Cela tourne à mourir de rire;
On n'a jamais bien su comment.

Il faut que je te dise encore
Que je suis vivement épris
D'une étrangère: c'est l'aurore,
Qu'on n'a jamais vue à Paris.

Ce matin, près de la rivière,
Je marchais, un livre à la main;
J'ai découvert une chaumière
Où ne conduit aucun chemin,

Un toit de mousse et de verdure,
Etroit pour un, large pour deux;
Un nid construit par la nature
Pour abriter un couple heureux.

Et je me disais que la vie
Y pourrait être douce un jour,
Pour peu que ma philosophie
Se parfumât de ton amour.

Et voilà les rêves que j'aime,
En attendant les jours frileux,
Et ma chambrette du cinquième
Et le cours de Duranton deux.

Adieu, ma chatte; sois bien sage,
Tiens tout ce que tu m'as promis,
Et réponds à mon griffonnage
En me parlant de nos amis.

Adieu, je t'embrasse à pincettes
Sur ton col blanc, sur ton œil noir,
Et surtout sur les deux fossettes
Qui m'ont pris mon cœur, un beau soir.

RÉPONSE DE L'ÉTUDIANTE À L'ÉTUDIANT

Mon bon ami, je prends la plume
Qui restait à mon vieux chapeau,
Et, pour écrire ce volume,
Je la taille avec ton couteau.

Tu me demandes des nouvelles
De nos amis.... Ne sais-tu pas
Que les oiseaux ont pris leurs ailes,
Et que je suis seule ici-bas?

L'an dernier, le jour de ta fête,
Tu me menas à l'Odéon
Pour applaudir le drame honnête
De nos amis Paul et Léon;

Et l'on joua la pauvre pièce
Devant trois polytechniciens,
Treize claqueurs, une négresse,
Et puis nous deux; tu t'en souviens?

Voilà, mon cher, l'image exacte
De notre Paris si changeant;
Je demande le cinquième acte,
Ou qu'on me rende mon argent!

On ne reconnaît plus personne;
Quelques familles d'Albion
S'en vont regarder la Sorbonne
Ou visiter le Panthéon.

Berthe, en ce moment, se repose
Chez ses parents, dans un château;
C'est en Auvergne, je suppose:
Elle a deux oncles porteurs d'eau.

Clara, tu sais, celle qui boite,
Cherche en Espagne le Pérou;
Angèle est sur la rive droite,
Clarisse est on ne sait pas où.

Enfin, nos meilleures amies
De leur mieux savent s'arranger;
Elles font des économies
Sur la province et l'étranger.

Et moi, je reste et je travaille,
En comptant les nuits et les jours;
Je me fais un chapeau de paille....
Que dis-je? un chapeau de velours.

Ce matin, j'ai vu Marguerite;
Sur ton compte je m'alarmais;
Elle a fait une réussite;
Les cartes ne mentent jamais.

Venez, monsieur, que l'on vous gronde!
Je voyais clairement, là-bas,
Certaine demoiselle blonde
Qui me causait bien du tracas.

Le carreau perd, le trèfle gagne;
L'as de pique est bien négligent;
Cœur... c'est un homme de campagne
Qui doit m'envoyer de l'argent.

D'ici, moi, je ne puis connaître
Quel est ce campagnard charmant;
Cherche qui cela pourrait être,
Et dis-le-moi très-promptement.

On a beau rester sage et sobre,
On a sa table et son loyer;
Tu sais que le terme d'octobre
Est toujours le diable à payer.

J'ai d'autres choses à te dire;
Mais tu vas être bien contrit;
Je n'oserais jamais écrire
Tout ce qui me vient à l'esprit.

Aussi, mon ange, j'y renonce,
Pour ne pas flatter mon prochain.
Songe que j'attends ta réponse
Avant le huit du mois prochain.

Adieu, laisse là ta rivière,
Ton foin, ton oncle, et pense à moi;
Si tu possèdes la chaumière,
Le cœur est ici tout à toi.

Ma main a besoin de la tienne;
Je fais des rêves absorbants....
Si tu passes par Saint-Etienne,
Apporte-moi quelques rubans.

CHUT!

2

— Lorsque vous lisiez sans lunettes,
Lorsque vous marchiez sans bâton,
Vous ne traitiez pas de sornettes
Tout ce que vous faisiez, dit-on.
Même, à ce que prétend grand'mère,
Vous étiez un joyeux compère....

— Chut! mes enfants, parlez plus bas:
Cela ne vous regarde pas.

3

— Allons, vous pouvez nous le dire:
Vous étiez grand, mince et châtain.
Vous conviendrez que, sous l'Empire,
Vous fûtes un peu libertin.
On conte plus d'une aventure;
Même notre voisine assure....

— Chut! mes enfants, parlez plus bas:
Cela ne vous regarde pas.

4

Hé! faudrait-il donc qu'à votre âge
On n'eût pas été jeune aussi!
Certe on s'amusait...davantage....
Mais plus décemment, Dieu merci.
Et puis les femmes et les filles,
De mon temps, étaient si gentilles!...

— Chut! grand-papa, parlez plus bas:
Cela ne nous regarde pas.

LES DEUX NOTAIRES

F. Regamey Del. Sgap Sc.

Les deux Notaires

S.té G.le des Applications Photographiques, 7, rue d'Argenteuil, Paris

1

Hé! bonjour, maître Robin!
—Collègue, ouvrez-moi la porte;
C'est un contrat que j'apporte
A parapher, ce matin.
La cliente est fort gentille;
Vous savez que c'est la fille
De monsieur André Bontemps;
Elle a bientôt dix-huit ans.
   Ah! maître Lebègue,
   Mon très-cher collègue,
Vous souvenez-vous du temps
Où nous avions dix-huit ans?
Nous étions de gais compères,
   Et nous n'étions pas,
     Hélas!
   Et nous n'étions pas
    Notaires!

2

Que nous étions beaux à voir
Au sein de la capitale!
Comme feu Sardanapale,
Nous festinions chaque soir.
On disait: «Voilà des princes
Qui sortent de leurs provinces....»
—Nous disons que le futur
Se nomme monsieur Arthur....
   —Ah! maître Lebègue,
   Mon très-cher collègue,
Paris est un bel endroit;
Nous y faisions notre droit;
Nous étions célibataires;
   Et nous n'étions pas,
     Hélas!
   Et nous n'étions pas
    Notaires!

3

Avons-nous joué des tours
A la portière majeure,
Qui nous gourmandait, à l'heure
Où l'on ne vient pas du cours!
Un soir, que nous étions quatre,
Nous avons failli la battre....
—Nous disons que les parents
Compteront cent mille francs....
   —Ah! maître Lebègue,
   Mon très-cher collègue,
Nous fumions et nous chantions;
Même parfois nous dansions
Des polkas un peu légères;
   Et nous n'étions pas,
     Hélas!
   Et nous n'étions pas
    Notaires!

4

—Te rappelles-tu Clara?
—Parbleu! c'était la grisette,
Avec son nez en trompette,
Ses yeux noirs, et cœtera.
Et puis, elle était si vive,
Si fidèle, si naïve!....
—Hum! le régime adopté
Sera la communauté....
   —Ah! maître Lebègue,
   Mon très-cher collègue,
Elle m'adorait....—Tais-toi:
Elle était folle de moi.
—Nous étions déjà confrères;
   Mais nous n'étions pas,
     Hélas!
   Mais nous n'étions pas
    Notaires!

5

—Chut! Robin, tachons, mon vieux,
De nous regarder sans rire;
Songe à ce qu'on pourrait dire
Si l'on nous connaissait mieux.
Tu sais bien que mon épouse
Est un tant soit peu jalouse.
Il faut bien se résigner....
Il ne reste qu'à signer.
   —Ah! maître Lebègue,
   Mon très-cher collègue,
Vous êtes un scélérat....
N'oublions pas mon contrat:
Nous nous en passions naguères,
   Quand nous n'étions pas,
     Hélas!
   Quand nous n'étions pas
    Notaires!

MA FEMME N'EST PAS LÀ

Ma femme n'est pas là.

2
Madame est en cage;
Bon voyage!
Charbonnier est maître chez lui,
Aujourd'hui!
Je veux faire une noce,
Une noce féroce:
Ma femme n'est pas là,
Voilà!

3
Arrivez, vous autres,
Bons apôtres,
Amoureux de goûter le vin
Du voisin!
Dégustons beaune et grave:
J'ai la clef de la cave...
Ma femme n'est pas là,
Voilà!

4
A notre victoire
Je veux boire;
Restons ici jusqu'à demain,
Verre en main.
Chantons la gaudriole,
Dansons la Carmagnole...
Ma femme n'est pas là,
Voilà!

5
S'il est une fille
Bien gentille
Qui veuille tâter d'un mari
Bien nourri,
Qu'elle vienne à ma table;
Je serai fort aimable...
Ma femme n'est pas là,
Voilà!

LES DEUX

1

J'ai deux amants, pas davantage :
L'un a tous les droits des maris,
L'autre n'a que ceux qu'il a pris :
J'ai mon seigneur, et j'ai mon page.
Comment donc faire un choix entre eux?
Pourtant, celui que je préfère....
— C'est bien, je vous entends, ma chère,
Ce n'est pas le premier des deux.—

2

Sans doute vous allez me dire
Que le premier est vieux et laid?
Non pas : il est jeune, il me plaît.
Le second n'a rien pour séduire;
Il n'est ni beau, ni gracieux :
Eh bien, celui que je préfère....
—Allez, je vous entends, ma chère,
Ce n'est pas le plus beau des deux.—

3

Ainsi va l'humaine machine :
L'un est riche et l'autre sans bien;
L'un me donne tout, l'autre rien,
Et de celui que je ruine
Souvent nous rions tous les deux.
Eh bien, celui que je préfère.....
—Allez, je vous entends, ma chère,
Ce n'est pas le plus généreux. —

4

L'un n'aime que moi dans le monde;
Son bonheur est de m'obéir.
L'autre est tout prêt à me trahir
Pour la première brune ou blonde;
Même il le ferait sous mes yeux....
Eh bien, celui que je préfère....
—Allez, je vous entends, ma chère,
Ce n'est pas le plus amoureux.—

5

Par l'un, j'ai calèche et toilette;
Je suis dame du haut en bas;
Quand l'autre me tient à son bras,
Je ne suis plus qu'une grisette.
Et quand il a bu... c'est affreux!
Eh bien, celui que je préfère....
—Allez, je vous entends, ma chère,
Ce n'est pas le meilleur des deux.

JE RIS

2
Haïr n'est pas dans ma nature,
Je ne sais pas me courroucer;
Que d'autres s'en aillent tancer
La fraude et l'imposture;
Je les corrige à meilleur prix:
    J'en ris!

3
Ni les sermons ni les férules
Ne nous ont faits plus studieux;
Si les hommes sont odieux,
Rendons-les ridicules.
Pour mieux les vouer au mépris,
    J'en ris!

4
Que m'importent ces communistes.
Ces apôtres fort peu chrétiens,
Réformistes, harmoniens
Ou libres-échangistes!
Que l'on réfute leurs écrits...
    J'en ris!

5
Je n'ai jamais pris à partie
Les aigles de nos facultés,
Ni les modernes sommités
De l'homœopathie!
Si leurs malades sont guéris,
    J'en ris!

6
Les dentistes couvrent la France;
Nous avons des sorciers plus forts,
Qui vous font trouver des trésors,
A dix francs par séance.
Si les cupides y sont pris,
    J'en ris!

7
Je ris de toutes les folies,
Je ris des sages tels que nous,
Et (peut-être m'en blâmez-vous?)
Des femmes trop jolies;
Parfois aussi de leurs maris
    Je ris!

LE SAUVETEUR

Le Sauveteur

Sᵗᵉ Gᵉⁿˡᵉ des Applications Photographiques, 7, rue d'Argenteuil, Paris

1

L'aventure singulière
Qui vient de me revenir!
Un jardin, une rivière:
Est-ce rêve ou souvenir?

Je vois un petit navire
Où voguent deux amoureux:
Crac! la barquette chavire;
Ils sont engloutis tous deux.

2

Moi, j'étais sur le rivage;
Alors on me vit plonger
Et les sauver à la nage,
Moi qui ne sais pas nager.

Les sauver?... Non, j'exagère:
Le monsieur n'en était pas.
Que l'onde lui soit légère!
Je le laissai couler bas.

3

La dame reconnaissante
Me fait l'offre de sa main;
Mais, pour cause, je m'absente
En lui disant : «A demain!

«Ayant mouillé ma flanelle,
J'ai besoin de me sécher.
—Je comprends, me répond-elle,
Il faut aller vous coucher.»

4

Je rentrai dans ma demeure.
Lorsque je me réveillai,
J'entendis la dixième heure,
Et je n'étais plus mouillé.

La singulière aventure!
Sans nul doute j'ai rêvé;
Car, pour ma part, je vous jure
Que ce n'est pas arrivé.

CHANT DE VENDANGES

Nous avons fait du vin,
Du fameux, du divin;
C'est en vain, bien en vain
Qu'on chercherait un meilleur vin.

1

Le père, le grand père,
Les femmes, les enfants,
Ont bondi triomphants
Sur la vigne prospère.

Nous avons fait du vin,
Du fameux, du divin;
C'est en vain, bien en vain
Qu'on chercherait un meilleur vin.

2

Sur le char des vendanges,
Tous, assis ou debout,
De Celui qui fit tout
Ont chanté les louanges.

Nous avons fait du vin,
Du fameux, du divin;
C'est en vain, bien en vain
Qu'on chercherait un meilleur vin.

3

C'était comme une étuve,
Quand il fallut porter
Monter et puis jeter
Les bennes dans la cuve.

Nous avons fait du vin,
Du fameux, du divin;
C'est en vain, bien en vain
Qu'on chercherait un meilleur vin.

4

Quand on lâcha la bonde,
Un jet rouge sortit
Qui mit en appétit
Les yeux de tout le monde.

Nous avons fait du vin,
Du fameux, du divin;
C'est en vain, bien en vain
Qu'on chercherait un meilleur vin.

5

Oh! quelle belle chose,
La mousse et la liqueur!
C'est chaud comme le cœur
Et doux comme la rose.

Nous avons fait du vin,
Du fameux, du divin;
C'est en vain, bien en vain
Qu'on chercherait un meilleur vin.

6

Puis on sortit la grappe
Encore humide à voir,
Et la vis du pressoir
Fit la seconde étape.

Nous avons fait du vin,
Du fameux, du divin;
C'est en vain, bien en vain
Qu'on chercherait un meilleur vin.

7

Le jour de la pressée
Tout le monde chanta,
Et le soir Marietta
Devint ma fiancée.

Nous avons fait du vin,
Du fameux, du divin;
C'est en vain, bien en vain
Qu'on chercherait un meilleur vin.

8

Et puis que l'on s'étonne
Qu'un fils de vigneron
Vienne au monde environ
Dix mois après l'automne!

Nous avons fait du vin,
Du fameux, du divin;
C'est en vain, bien en vain
Qu'on chercherait un meilleur vin.

LA MÈRE GODICHON

Qu'on fasse sauter le bouchon,
Qu'on emplisse mon verre !
Il faut chanter la mère,
La mère Godichon.

1

Je ne l'ai pas connue
Alors qu'elle avait dix-huit ans,
Voilà bien longtemps.
Elle était ingénue,
A ce qu'elle disait, du moins,
L'étant un peu moins.
On n'a jamais connu son père,
Et c'est facile à concevoir ;
Sa mère devait le savoir,
Mais on ne savait pas sa mère.

Qu'on fasse sauter le bouchon,
Qu'on emplisse mon verre !
Il faut chanter la mère,
La mère Godichon.

2

On prétend en Provence
Qu'elle naquit aux pays froids,
La Flandre ou l'Artois ;
Mais, dans le Nord, on pense
Qu'elle était des climats plus chauds,
D'Arles à Bordeaux.
Ses yeux accusaient la Gascogne,
Ses cheveux le pays lorrain,
Son embonpoint les bords du Rhin,
Et son teint fleuri la Bourgogne.

Qu'on fasse sauter le bouchon,
Qu'on emplisse mon verre !
Il faut chanter la mère,
La mère Godichon.

3

Pour rester ferme et libre
Dans sa vie et dans ses amours,
Elle tint toujours
Son cœur en équilibre :
Au lieu d'avoir un amoureux,
Elle en avait deux.
Le mariage est une épreuve
Dont toujours elle se moqua ;
Elle resta fille jusqu'à....
Jusqu'à ce qu'elle devint veuve.

Qu'on fasse sauter le bouchon,
Qu'on emplisse mon verre !
Il faut chanter la mère,
La mère Godichon.

4

Il fallait voir la belle
Dégustant un joyeux repas
Qu'on ne payait pas ;
A peine trouvait-elle
Le temps de placer quatre mots,
Même des plus gros.
Et l'on n'aurait jamais pu dire,
Quand ses deux lèvres s'entr'ouvraient,
Si sa bouche et ses dents voulaient
Chanter ou baiser, boire ou rire.

Qu'on fasse sauter le bouchon,
Qu'on emplisse mon verre !
Il faut chanter la mère,
La mère Godichon.

5

Elle passa sa vie
A s'affoler de tous les fous ;
Nous le sommes tous.
Elle eût été ravie
D'atteler ensemble à son char
Le Turc et le Czar.
Elle veut prendre un jour la peine
De conquérir le genre humain ;
Mais elle se perd en chemin,
Car un gendarme la ramène.

Qu'on fasse sauter le bouchon,
Qu'on emplisse mon verre !
Il faut chanter la mère,
La mère Godichon.

6

Que devint-elle ensuite ?
Les auteurs le plus en crédit
Ne l'ont jamais dit.
J'ai mis à sa poursuite
Les savants de nos instituts,
Et tous se sont tus.
D'ailleurs, si l'on en croit Adèle,
Auteur qui fut souvent cité,
Elle n'a jamais existé ;
Mais toujours on parlera d'elle.

Qu'on fasse sauter le bouchon,
Qu'on emplisse mon verre !
Il faut chanter la mère,
La mère Godichon.

LES TRANSFORMATIONS DE JUPITER

Les Transformations de Jupiter

1

Jupiter, un jour, se transforme
En taureau, traverse les airs,
Bondit, et sur sa croupe énorme
Enlève Europe au fond des mers.
Europe est la fille robuste
Qui veut un amant emporté,
Et ne redoute que tout juste
La force et la brutalité.

2

Jupiter se transforme en pluie,
Ou plutôt en paillettes d'or,
Et chez Danaé qui s'ennuie
Tombe comme un vivant trésor.
Danaé n'est pas ingénue;
Elle a deux termes à payer;
C'est une fille entretenue
Qui traite avec un financier.

3

Jupiter se transforme en cygne
Et séduit la jeune Léda.
L'amante ici n'est pas indigne
Du maître qui la posséda.
Léda, c'est la fille choisie
Dont les sens n'ont pas résisté
Au charme de la poésie,
De la grâce et de la beauté.

4

Fables, songes, métamorphoses,
L'ingénieuse antiquité
Mettait un sens à toutes choses,
Sinon une moralité.
Quoique devenus philanthropes,
Préoccupés d'autres dadas,
Nous aurons toujours des Europes,
Des Danaés et des Lédas.

NOUS SOMMES GRIS

2
Ils vont se mettre en campagne,
Pour conquérir le Maroc....
N'avons-nous pas le Médoc,
La Bourgogne, la Champagne,
Et les châteaux en Espagne?...

    Nous sommes gris,

3
Quoi qu'on dise et qu'on répète,
La vertu règne partout....
Chez les avoués surtout!
La chambre entière est honnête,
Et le siècle n'est pas bête....

    Nous sommes gris,
    Mes amis;
Tout marche bien en ce bas monde;
Le ciel est bleu, la terre est ronde,
    Nous sommes gris!

4
Les femmes, qu'on dit cruelles,
Pour nous n'ont plus de rigueurs
Et sollicitent nos cœurs....
Nous les voyons toutes belles,
Et nous les croyons fidèles....

    Nous sommes gris,

5
Jouissons du bonheur d'être,
Et prolongeons nos amours;
Tous les plaisirs sont trop courts!...
Quand l'aurore va paraître,
Demain nous dirons peut-être....

    Nous étions gris,
    Mes amis;
Tout marche mal en ce bas monde;
La terre est plate, et le ciel gronde;
    Nous étions gris!

CE JEUNE HOMME

1

Grâce à ma femme, l'an passé,
    Je fus forcé
De faire encore une folie :
Elle eut, à mon grand déplaisir,
    Un grand désir
De voyager en Italie.
Porter en pays inconnus
    Mes revenus ;
Cela me plaisait Dieu sait comme...
Mais que serions-nous devenus,
    Sans ce jeune homme ?

2

Nous étions, en sortant du port,
    Ensemble à bord ;
Il allait comme nous à Gênes.
Il nous vit dans un grand émoi,
    Ma femme et moi :
Il nous consola de nos peines.
Entre Livourne et Civita,
    Il nous quitta ;
Mais pour nous retrouver dans Rome,
Auprès du temple de Vesta,
    Ce bon jeune homme !

3

Ce jeune homme a bonne façon ;
    C'est un garçon
Qui fait tout pour se rendre utile.
Héloïse prétend qu'il est
    Moins beau que laid ;
Mais ma femme est si difficile !...
Bien que tous les trois nous fussions
    Bons compagnons,
J'ignorais comment il se nomme.
Pour plaisanter, nous l'appelions :
    Ce beau jeune homme !

4

Tous les jours il fallait le voir,
    Matin et soir,
Descendre et monter les bagages,
Choisir numéros tel et tel
    Dans chaque hôtel,
Prendre et payer nos équipages.
Certe, il défendait notre bien
    Mieux que le sien !
Il est à ce point économe,
Qu'avec lui nous vivions pour rien...
    Pauvre jeune homme !

5

Il m'arrivait, dans des repas,
    De n'aimer pas
Quelques nourritures suspectes,
Des côtelettes en beignets...
    Je me plaignais
De la chaleur et des insectes ;
Je disais : « Quel drôle de goût
    A ce ragoût ! »
Il répondait : « Monsieur Prud'homme,
Mangez : on s'habitue à tout. »
    Charmant jeune homme !

6

Il a du courage pour trois :
    Plus d'une fois,
Il eut de fusils et de sabres
Des coups qui m'étaient destinés,
    Un sur le nez,
Deux autres dans les deux Calabres.
Quand il ne restait pas vainqueur,
    Notre sauveur
Traitait avec le majordome :
J'en étais quitte pour la peur.
    Brave jeune homme !

7

Nous sommes revenus chez nous,
    Planter nos choux.
Adieu voyage, adieu souffrance !
Ce jeune homme est de nos amis ;
    Il m'a promis
De rester avec nous en France.
Mais s'agit-il de voyager
    A l'étranger ?
Je promets une forte somme
A qui me fera déloger...
    Sans ce jeune homme !

LE COCHON

Le Cochon

Chez la veuve Godichon,
On a tué le cochon.

1

Les voisins et les voisines,
Dès le lendemain matin,
Vinrent manger du boudin
A s'en lécher les babines.

Chez la veuve Godichon,
On a tué le cochon.

2

Le jour suivant, crépinettes
Avec un nouveau boudin,
Et, le soir, dans un festin,
Les premières côtelettes.

Chez la veuve Godichon,
On a tué le cochon.

3

Le jour suivant, trois services :
D'abord les pieds, s'il vous plaît,
Avec le premier filet
Et les dernières saucisses.

Chez la veuve Godichon,
On a tué le cochon.

4

Le jour suivant, l'andouillette
Et le fromage sans nom,
Avec de l'ail, de l'oignon,
Echalote et ciboulette.

Chez la veuve Godichon,
On a tué le cochon.

5

Aujourd'hui, jour de clôture,
Nous allons mettre sous clé
Saindoux, lard, petit salé,
Jambons, jambonneaux et hure.

Chez la veuve Godichon,
On a tué le cochon.

6

Or, s'il est vrai que les hommes
Deviennent un résumé
De ce qu'ils ont consommé,
On saura ce que nous sommes.

Chez la veuve Godichon,
On a tué le cochon.

LES POISONS

2
Evitez les courses, la chasse,
Soyez bien vêtu, bien chauffé;
Ayez une vache bien grasse,
Et ne prenez plus de café.
— Quoi ! pas même une demi-tasse?
— C'est un poison, entendez-vous?
— Docteur, le poison est si doux!

3
Appuyez-vous sur votre canne,
Et parfois, si c'est votre goût,
Montez à cheval...sur un âne,
Mais pas de cigare surtout.
— Quoi ! pas même de la Havane?
— C'est un poison, entendez-vous?
— Docteur, le poison est si doux!

4
Allons, partez, point de tristesse;
Vous en reviendrez...attendez !
Encore une seule promesse:
Evitez de... vous m'entendez?
— Quoi ! pas une seule maîtresse?
— Je le défends, entendez-vous?
— Docteur, le poison est si doux!

JEAN QUI PLEURE
ET JEAN QUI RIT

125

1

  Je pleure.
Je vois tout gris, je vois tout noir;
J'ai bu trop de bon vin, ce soir;
Je vais être gris tout à l'heure:
  Je pleure.

  — Je ris.
Je vois tout bleu, je vois tout rose;
Le vin est une douce chose;
Voilà longtemps que je suis gris.
  Je ris.

  Perds-tu la tête?
  Perds-tu l'esprit?
  Arrête! — Arrête!
— Ah! ah! ah! ah! — Hi! hi! hi! hi! —
C'est Jean qui pleure et Jean qui rit.

2

  Je pleure.
J'ai l'estomac trop délicat;
Je ne puis manger que d'un plat:
Aussi je fonds comme du beurre.
  Je pleure.

  — Je ris.
Depuis que je me mets à boire,
Je ne mange que pour mémoire:
Aussi, vois comme je maigris.
  Je ris.

  Perds-tu la tête?
  Perds-tu l'esprit?
  Arrête! — Arrête!
— Ah! ah! ah! ah! — Hi! hi! hi! hi! —
C'est Jean qui pleure et Jean qui rit.

3

  Je pleure.
Mon épouse, la connais-tu?
Es-tu bien sûr de sa vertu?
Je crois que la tienne est meilleure.
  Je pleure.

  — Je ris.
Cela ne m'inquiète guère;
Je suis bien sûr de mon affaire:
Je ne suis plus dans les conscrits.
  Je ris.

  Perds-tu la tête?
  Perds-tu l'esprit?
  Arrête! — Arrête!
— Ah! ah! ah! ah! — Hi! hi! hi! hi! —
C'est Jean qui pleure et Jean qui rit.

4

  Je pleure.
Entends la voix de la raison:
Je veux rentrer à la maison.
Partons; tu sais où je demeure.
  Je pleure.

  — Je ris.
Moi, je change de domicile;
J'habite les champs et la ville;
J'ai plusieurs maisons dans Paris.
  Je ris.

  Perds-tu la tête?
  Perds-tu l'esprit?
  Arrête! — Arrête!
— Ah! ah! ah! ah! — Hi! hi! hi! hi! —
C'est Jean qui pleure et Jean qui rit.

5

  Je pleure.
Car, qu'est-ce que la vie, enfin?
C'est un flacon de mauvais vin....
Mais pourquoi faut-il que l'on meure?
  Je pleure.

  — Je ris.
Car la mort.... Suis bien mon idée....
Est une bouteille vidée;
On ne rend que ce qu'on a pris.
  Je ris.

  Perds-tu la tête?
  Perds-tu l'esprit?
  Arrête! — Arrête!
— Ah! ah! ah! ah! — Hi! hi! hi! hi! —
C'est Jean qui pleure et Jean qui rit

APPARITION

Apparition

LA MEUNIÈRE ET LE MOULIN

2

Voyez comme elle est pimpante,
Avec son simple jupon;
Ecoutez comme elle chante
Et rechante sa chanson.
Voyez-le, fier sur sa base,
S'agitant soir et matin;
Ecoutez comme il écrase
Les épis qui font le pain.

Il est deux choses sur terre
   Dont mon cœur est plein:
   J'aime la meunière,
   J'aime le moulin.

3

Oui, j'en jure par mon âme,
Celui-là serait heureux
Qui pourrait avoir pour femme
La meunière que je veux.
Il produit dans sa journée
Quatre beaux sacs ronds et blancs;
Il rapporte par année
Au moins sept à huit cents francs.

Il est deux choses sur terre
   Dont mon cœur est plein:
   J'aime la meunière,
   J'aime le moulin.

4

Le moulin sans la meunière,
C'est le verre sans le vin;
Mais aussi c'est vin sans verre
Que meunière sans moulin.
J'aurai des enfants, j'espère,
Mais il me faudrait enfin
La meunière pour les faire,
Pour les nourrir, le moulin.

Il est deux choses sur terre
   Dont mon cœur est plein:
   J'aime la meunière,
   J'aime le moulin.

RETOUR DE NOCES

1

Te voici donc de retour
A Paris pour deux semaines.
Tous les jours, depuis un jour,
A ton bras tu me promènes.
Je le vois, mon bon Arthur,
Tu ne m'as pas oubliée;
Avec mon premier futur
Me voici remariée.

Tout cela, c'est bien gentil;
Mais, quand tu seras parti,
Que deviendra ta petite
(Hi! hi! hi! hi!) Marguerite?

2

Tu viens de faire là-bas,
Sans doute, un gros héritage?
Tu sais, ne te gêne pas,
Entre amis, ça se partage.
Tu pourras bien m'alléger
De plusieurs anciennes dettes;
Et puis, nous pourrons manger
Du homard et des crevettes.

Tout cela, c'est bien gentil;
Mais, quand tu seras parti,
Que deviendra ta petite
(Hi! hi! hi! hi!) Marguerite?

3

Nous ne pourrons plus manquer
Ni les bals, ni les théâtres:
Je t'y ferai remarquer
Par mes toilettes folâtres.
Il me faut, à ce propos,
Quelques robes, des misères,
Une ombrelle, deux chapeaux,
Et des bottines...trois paires.

Tout cela, c'est bien gentil;
Mais, quand tu seras parti,
Que deviendra ta petite
(Hi! hi! hi! hi!) Marguerite?

4

Il est fort bon de marcher
Quand on n'a pas de voiture.
Moi, je ne veux plus toucher
Le sol avec ma chaussure,
Puis de même que parfois
On désire un peu de pluie,
Je veux aller voir au Bois
Le grand monde qui s'ennuie.

Tout cela, c'est bien gentil;
Mais, quand tu seras parti,
Que deviendra ta petite
(Hi! hi! hi! hi!) Marguerite?

5

Grâce à l'amour, je prétends
Que notre passé renaisse:
Je suis ton nouveau printemps
Et ta seconde jeunesse.
Mais bientôt, amours, lilas,
Paris, doivent disparaître.
Tu m'oubliras trop, hélas!
Et moi, pas assez peut-être!

Cela, ce n'est pas gentil,
Et, quand tu seras parti,
Que deviendra ta petite
(Hi! hi! hi! hi!) Marguerite?

FLORIMOND L'ENJÔLEUR

Florimond l'Enjôleur

Sté Gle des Applications Photographiques, 7, rue d'Argenteuil, Paris.

2

Il est toujours sur la piste,
Lorsque nous nous promenons.
Il sait par cœur tous les noms
De grisette ou de modiste.
Sur l'horloge du quartier
Il faut qu'il règle sa montre,
Car toujours on le rencontre
Au sortir de l'atelier.
Il passe... on sourit, on cause
  (C'est un vrai démon!):
«C'est vous, Jeanne ou Rose?
C'est moi, monsieur Florimond.»

3

Ne croyez pas qu'il soit louche
S'il regarde de travers;
Il vous parle à mots couverts
D'un seul côté de la bouche.
Il sait dire ce qu'il veut:
«Cher ange! charmante fille!
Beau temps!» si le soleil brille,
Et s'il pleut... eh bien, s'il pleut,
Il vous prête un parapluie
  (C'est un vrai démon!):
«Prenez, Amélie.
— Merci, monsieur Florimond.»

4

Dans les fêtes de village
Toujours nous le rencontrons;
Il nous offre des marrons
Et des objets de ménage.
Mais s'il aperçoit là-bas
Les yeux des parents sévères,
Il fait apporter des verres
Pour boire avec les papas;
Et tout bas il vous invite
  (C'est un vrai démon!):
«Valsons, Marguerite.
— Valsons, monsieur Florimond.»

5

L'autre jour, il m'a suivie
Jusqu'au chemin de la croix.
Je n'ai jamais eu, je crois,
Si grande peur de ma vie.
Il parlait si bien, si bien,
Il racontait des folies
Si drôles et si jolies,
Que je n'y comprenais rien.
Puis, prenant sa voix câline
  (C'est un vrai démon!):
Il dit: «Joséphine!...
— Nenni, monsieur Florimond!»

MES ENFANTS

1

Voyez-vous le bel avantage
D'avoir été jeune à vingt ans!
Les matrones du voisinage
Me font honneur de leurs enfants.
Quand j'en aurais fait trois ou quatre,
Voilà-t-il pas de quoi me battre?
　　Mais non, ma foi,
Ces enfants ne sont pas de moi.

2.

Hortense, ma première amie,
Que j'entrevis à peine un jour,
Prétend que sa fille Eugénie
Est l'enfant aîné de l'amour.
Pour un baiser sans conséquence,
Avoir une pareille chance!...
　　Non, par ma foi,
Cet enfant-là n'est pas de moi.

3

J'ai bien quelque part sur la terre
Un filleul qui porte mon nom;
Sa mère, qui fut ma commère,
Prétend qu'il me ressemble.... Non.
Je ne suis pas beau, c'est possible;
Mais le malheureux est horrible.
　　Non, par ma foi,
Cet enfant-là n'est pas de moi.

4

En vain vous prétendez, Adèle,
Que vous n'aimez pas votre époux:
Cela ne prouve rien, ma belle,
Sinon que votre fils est roux,
Qu'il a le goût de la chicane,
Qu'il est avocat, Dieu le damne!
　　Non, par ma foi,
Cet enfant-là n'est pas de moi.

5

Jean, viens ici que je t'embrasse;
Te voilà frais émancipé;
Bon chien, dit-on, chasse de race:
Ton père fut souvent trompé.
Mais par la science tu brilles,
Et puis tu n'aimes pas les filles....
　　Non, par ma foi,
Cet enfant-là n'est pas de moi.

6

Le fils de mon propriétaire,
Chose étrange, est un bon vivant;
Il dépense l'or de son père,
Moitié mangeant, moitié buvant..
Mais, quand je lui lis notre histoire,
Son cœur ne bat pas pour la gloire!..
　　Non, par ma foi,
Cet enfant-là n'est pas de moi.

7

Cependant tout le monde assure
Que Paul me ressemble: en effet,
Il a ma taille, ma tournure;
Moi, je le trouve fort bien fait:
Puis il aime l'indépendance,
Le vin, les femmes et la France.
　　Oui, par ma foi,
Celui-là peut être de moi.

LA PREMIÈRE MAÎTRESSE

2
Parmi ces fantômes flottants,
D'abord je te vois apparaître,
Toi que j'oubliais si longtemps,
Et que seule j'aimai peut-être.
L'âge n'a pas glacé tes sens;
La distance a doublé tes charmes;
Ma bouche sourit, et je sens
Que mes yeux s'emplissent de larmes.

Ah! toujours on s'attendrira
Au souvenir de la jeunesse;
   Jamais on n'oublîra
   Sa première maîtresse!

3
D'autres ont pu de mon amour
Avoir la crédule apparence;
Chacune passait à son tour
En m'emportant une croyance.
Me trompais-tu?... Je n'en sais rien;
Etais-tu belle?... Je l'ignore;
Mais je sais que je t'aimais bien;
Et je ne doutais pas encore.

Ah! toujours on s'attendrira
Au souvenir de la jeunesse;
   Jamais on n'oublîra
   Sa première maîtresse!

4
Pourquoi t'ai-je quittée un jour,
Pour quelle maîtresse inconnue....
Sans regret, comme sans retour?
Et depuis, qu'es-tu devenue?
Je n'ai pas même ton portrait
Pour me rappeler ta mémoire;
Mon cœur est le livre secret
Où je lis encor notre histoire.

Ah! toujours on s'attendrira
Au souvenir de la jeunesse;
   Jamais on n'oublîra
   Sa première maîtresse!

5
Es-tu pauvre ou riche aujourd'hui,
Fille de douleur ou de joie?
Si tu n'as pas besoin d'appui,
Que jamais je ne te revoie!
Mais, en quelque lieu que tu sois,
Que Dieu t'épargne la misère....
Si tu n'es plus, entends ma voix;
Mon souvenir, c'est ma prière.

Ah! toujours on s'attendrira
Au souvenir de la jeunesse;
   Jamais on n'oublîra
   Sa première maîtresse!

PÈRE CAPUCIN

1

Vous qui confessez ma femme,
　Comme un petit saint,
Que pensez-vous de son âme,
　Père capucin ?
Pour pouvoir mieux parler d'elle,
Mettons-nous sous la tonnelle.

　— Soit, mon gros Lucas,
Mais je ne parlerai pas.

2

— Approchez-vous de la table,
　Et puis commencez :
Voyons, ma femme.... Que diable,
　Vous la connaissez !
Parlez ; je suis tout oreilles....
Débouchons ces deux bouteilles.

　— Soit, mon gros Lucas ;
Mais je ne parlerai pas.

3

— Bien qu'elle se dise blanche
　Comme le coton,
Elle n'avait pas, dimanche,
　L'absolution.
Le cas était donc bien grave ?...
Si nous goûtions de ce Grave ?

　— Soit, mon gros Lucas ;
Mais je ne parlerai pas.

4

— La colère et la paresse
　Ne sont pas son fait.
Elle est toujours à la messe :
　Qu'a-t-elle donc fait ?
Allons, pas tant de vergogne....
Vous préférez le bourgogne ?

　— Oui, mon gros Lucas ;
Mais je ne parlerai pas.

5

— Après tout, que nous importe ?
　Que nous sommes fous !
Regardez : je ne m'en porte
　Pas plus mal, ni vous.
Allons, je bats la campagne....
Qu'on apporte du champagne !

　— Soit, mon gros Lucas ;
Mais je ne parlerai pas.

6

Pourtant, tu le veux ; écoute,
　Mon pauvre Lucas :
Ta femme.... — Non. Je m'en doute ;
　Ne le dites pas.
Mettons que c'est la colère ;
A ta santé, mon compère.

　— Soit, mon gros Lucas ;
Buvons et ne parlons pas.

LE PHALANSTÈRE

1

Tu veux, mon gaillard,
Changer la machine ronde,
Et faire, un peu tard,
Le bonheur de tout le monde?—
Ah! tant mieux!
Rendons les hommes heureux,
Mon compère;
Rendons les hommes heureux,
Et vive ton phalanstère,
Mon compère!

2

Pour guérir nos maux,
Voyons, que fais-tu?—Des phrases?
Tu forges des mots,
Tu nous ranges dans des cases!—
Bien plutôt,
Donne-nous la poule au pot,
Mon compère;
Donne-nous la poule au pot,
Et vive ton phalanstère,
Mon compère!

3

Du monde surpris
Tu rétablis l'équilibre;
Heureux les maris!
La femme redevient libre!...
C'est un tort:
Rends-la fidèle d'abord,
Mon compère;
Rends-la fidèle d'abord,
Et vive ton phalanstère,
Mon compère!

4

Sans doute la mer
T'a rendu souvent malade;
De son flot amer
Tu fais une limonade.—
Sois plus fin:
Change l'Océan en vin,
Mon compère;
Change l'Océan en vin,
Et vive ton phalanstère,
Mon compère!

5

On me dit tout bas
Que, comme faveur dernière,
Tu nous orneras
D'un bout de queue en arrière....
Mais avant,
Embellis-nous par devant,
Mon compère;
Embellis-nous par devant,
Et vive ton phalanstère,
Mon compère!

6

Tu n'es qu'un savant;
Mais je vois tes camarades
Traduire souvent
Tes leçons en barricades....—
Halte-là!
On peut s'aimer sans cela,
Mon compère;
Va, crois-moi, restons-en là;
Et laisse ton phalanstère,
Mon compère!

L'INFAILLIBLE

1

Je vais, l'autre soir, dans le plus grand monde.
Je tombe au milieu d'un grave entretien;
On se chuchotait des mots à la ronde..
Moi, je les écoute, et n'y comprends rien.
  « Il est infaillible,
    Disait-on tout bas;
  C'est chose impossible
    Qu'il ne le soit pas.»

2

— Infaillible, qui? Ce n'est pas un homme;
Le plus orgueilleux n'a pas tant d'orgueil.
Je cherchais en vain, de Paris à Rome,
Sur quel infaillible arrêter mon œil.
  « Il est infaillible,
    Disait-on tout bas;
  C'est chose impossible
    Qu'il ne le soit pas.»

3

— Infaillible, quoi? Peut-être un remède,
Sulfure ou sulfate, un baume, un vaccin?
Pour le deviner, j'appelle à mon aide
Un de mes amis, docteur médecin:
  « Il est infaillible,
    Me dit-il tout bas;
  C'est chose impossible
    Qu'il ne le soit pas.»

4

— Infaillible, quoi? Le gain d'une cause?
Je cherche, parmi les récents procès,
Et je prends le bras de maître Lachose,
Un des beaux diseurs du barreau français:
  « Il est infaillible,
    Me dit-il tout bas;
  C'est chose impossible
    Qu'il ne le soit pas.»

5

— Infaillible, quoi? Quelque grand principe?
Un engin de guerre? un nouvel agent?
J'avise un savant, monsieur Latulipe,
Et je veux m'instruire en l'interrogeant:
  « Il est infaillible,
    Me dit-il tout bas;
  C'est chose impossible
    Qu'il ne le soit pas.»

6

— Infaillible, quoi? Certaine personne,
Qui me fit jadis des yeux assez doux,
Me tend une main; je la questionne:
« Quel est ce mystère, et qu'en pensez-vous?
  — Il est infaillible,
    Dit-elle tout bas;
  C'est chose impossible
    Qu'il ne le soit pas.»

7

A la fin, j'ai su ce qu'on voulait dire:
On parlait d'Arthur, un vieux impotent
Qui veut épouser la jeune Palmyre.
Par allusion au sort qui l'attend,
  « Il est infaillible,
    Disait-on tout bas;
  C'est chose impossible
    Qu'il ne le soit pas.»

UNE FEMME

G. Rodier Del. Sgap Sc.

Une femme

S^{té} G^{le} des Applications Photographiques, 2, rue d'Argenteuil, Paris.

147

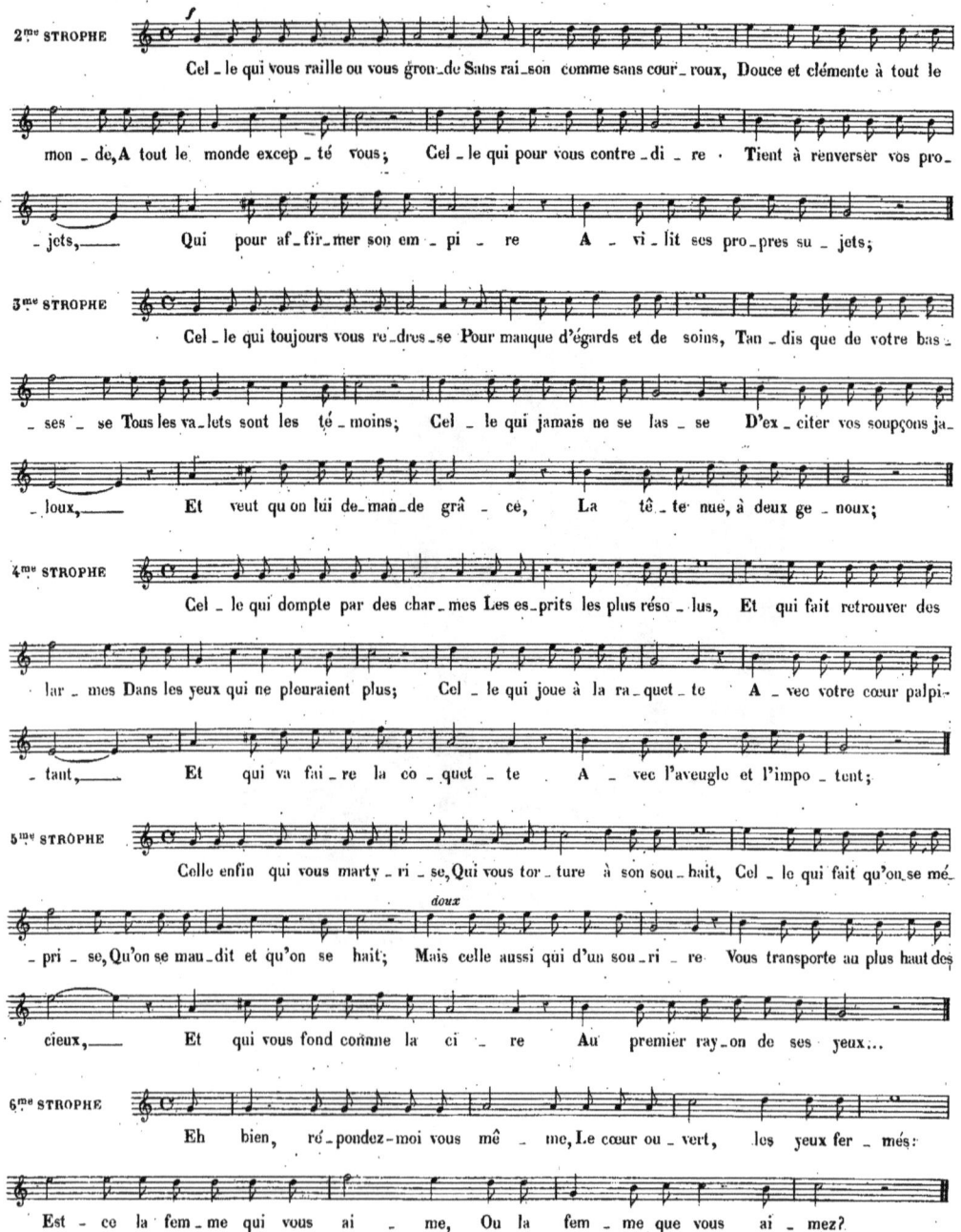

UNE HISTOIRE DE VOLEUR

1
On aime à causer après boire;
Chacun racontait son histoire
De revenants ou de voleurs.
Le mari d'une dame brune
Dit: Je vais vous en conter une
Qu'on n'a pas entendue ailleurs.

2
J'étais de garde à la mairie;
Servir sa dame et sa patrie,
C'est le devoir d'un troubadour;
Mais Héloïse est si peureuse,
Que j'eus l'idée aventureuse
De déserter avant le jour.

3
Il était une heure et demie;
La chambrée était endormie;
Doucement je lève le pié;
Je traverse la ville grise,
Tout ébaubi de la surprise
Que j'allais faire à ma moitié.

4
J'arrive enfin devant mon louvre.
Que vois-je? ma fenêtre s'ouvre...
En mon absence, que fait-on?
Un gaillard à mine incongrue
Se laisse glisser dans la rue,
Du haut de mon propre balcon.

5
Il ne faut pas grande finesse
Pour deviner de quelle espèce
Etait ce nocturne rôdeur:
Sortir ainsi de notre chambre,
Au milieu du mois de décembre...
A coup sûr, c'était un voleur.

6
Que faire en cette circonstance?
Pour y songer avec prudence,
Je reste tapi dans mon coin;
Et lorsque, bouillant de colère,
Je m'élance sur le corsaire,
Le corsaire était déjà loin.

7
J'éveille en sursaut mon concierge;
Je monte droit comme flamberge;
J'entre comme un coup de fusil.
Héloïse, sortant d'un somme,
Me dit: « C'est toi, mon petit homme?
Tu rentres tard; quelle heure est-il?»

8
Chaque objet était à sa place;
Nul dérangement, nulle trace
De voleur ni de loup garou.
Mon or était sur ma commode;
Ma montre, selon ma méthode,
Etait suspendue à son clou.

9
Je m'élance vers la fenêtre!
Vous vous imaginez peut-être
Qu'elle était ouverte? Non! Mais...
Ici commence l'impossible....
Quelle était la main invisible?...
C'est ce qu'on ne saura jamais.

10
Ce siècle est celui des miracles:
Nous assistons à des spectacles
Où la raison ne conçoit rien.
Voilà mon histoire authentique;
Qui pourra l'expliquer, l'explique;
Moi, je donne ma langue au chien.

L'ÉPINGLE SUR LA MANCHE

1
Le roi se déshabillait
Avec Eloi, son valet.
En tirant la manche auguste,
Eloi se piqua. «C'est juste,
　　S'écria le roi,
　　C'est ma faute, Eloi,
Car j'ai mis hier, dimanche,
　　Je ne sais pourquoi,
Une épingle sur ma manche.»—

2
«Sire, Votre Majesté
A sans doute ainsi noté,
Pour en garder la mémoire,
Quelque projet méritoire?
　　—Oui, sans doute, Eloi,
　　Répondit le roi;
A te croire, ami, je penche;
　　Mais pourquoi, pourquoi
Cette épingle sur ma manche?»—

3
«Sire, Votre Majesté
Aurait-elle projeté
De renvoyer comme un cuistre
Son premier et seul ministre?
　　—Non, mon bon Eloi,
　　Répondit le roi;
Laissons l'oiseau sur la branche;
　　Mais pourquoi, pourquoi
Cette épingle sur ma manche?»—

4
«Sire, Votre Majesté
Aurait-elle décrété
De doubler mes honoraires
Aux dépens de mes confrères?
　　—Non, mon pauvre Eloi,
　　Répondit le roi;
Ta demande est assez franche.
　　Mais pourquoi, pourquoi
Cette épingle sur ma manche?»—

5
«Sire, Votre Majesté
Veut-elle faire un traité
Avec le roi de Navarre?
La guerre est un jeu barbare.
　　—Non, mon sage Eloi,
　　Répondit le roi;
J'ai besoin d'une revanche;
　　Mais pourquoi, pourquoi
Cette épingle sur ma manche?»—

6
«Sire, Votre Majesté
Aurait-elle contracté
Quelque emprunt ou quelque dette
Dont le paîment l'inquiète?
　　—Non, prudent Eloi,
　　Répondit le roi;
Ce qu'on doit, on le retranche;
　　Mais pourquoi, pourquoi
Cette épingle sur ma manche?»—

7
«Sire, Votre Majesté
Songeait-elle à sa santé?
Elle aurait besoin peut-être
D'un médecin ou d'un prêtre?
　　—Non, monsieur Eloi,
　　Répondit le roi;
Je suis ferme sur la hanche;
　　Mais pourquoi, pourquoi
Cette épingle sur ma manche?»—

8
«Alors, Votre Majesté
Songeait à l'hérédité
De son trône de Castille?
Elle n'a ni fils ni fille.
　　—Oui, mon cher Eloi,
　　S'écria le roi;
Va chercher la reine Blanche!»
　　Et voilà pourquoi
L'épingle était sur sa manche.

LES BOUTONS

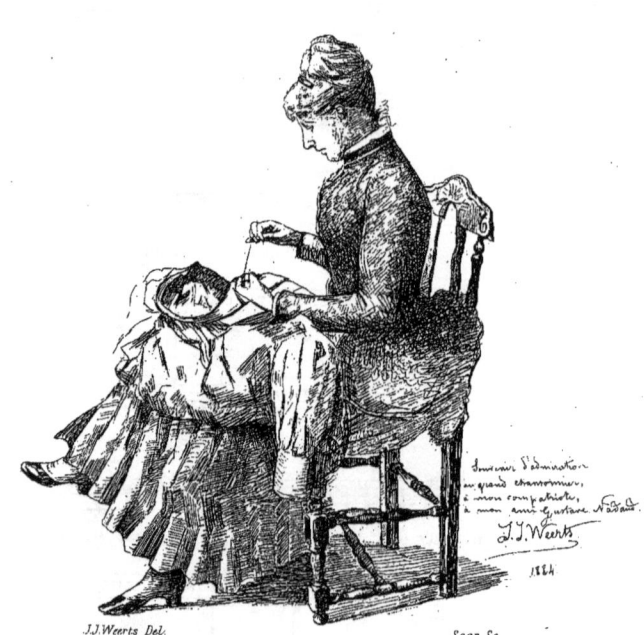

Les Boutons

1

Heureux garçons de tout âge,
Qui voulez garder toujours
La sainte horreur du ménage,
Avec l'amour des amours,
Fiez-vous à ma sagesse
Et retenez mes dictons :
N'ayez pas une maîtresse
Qui recouse vos boutons.

2

Un soir, certaine Artémise
Vit, en un certain moment,
Qu'un bouton, à ma chemise,
Manquait, je ne sais comment.
Elle dut à ma faiblesse
De le recoudre à tâtons....
N'ayez pas une maîtresse
Qui recouse vos boutons.

3

Le lendemain, grande affaire !
On veut tout voir en détail ;
Nous dressons un inventaire
De mon linge : quel travail !
Nous comptons tout, pièce à pièce ;
Nous trions, nous inspectons....
N'ayez pas une maîtresse
Qui recouse vos boutons.

4

Dès lors, mes petits mystères
A ses yeux sont dévoilés ;
Elle a des droits sur mes terres,
Elle a des droits sur mes clés.
Au sein de ma forteresse
Elle installe ses plantons.
N'ayez pas une maîtresse
Qui recouse vos boutons.

5

Ainsi, de fil en aiguille,
Et de bouton en bouton,
Elle a chassé ma famille
Et m'a coiffé de coton.
Par la force ou par l'adresse
On obtient tout des moutons ;
N'ayez pas une maîtresse
Qui recouse vos boutons.

6

Je n'ai plus d'amis intimes,
Hormis Arthur... qui lui plaît :
Sauf les enfants légitimes,
Je suis un mari complet.
Le jour, nous crions sans cesse,
Et, la nuit, nous nous battons !...
N'ayez pas une maîtresse
Qui recouse vos boutons.

TOINETTE ET TOINON

2

Dans son boudoir, quand elle cause,
Toinette est la femme d'esprit;
Qu'un souper la métamorphose,
C'est Toinon qui chante et qui rit.
Quand l'une est sévère et discrète,
L'autre ne sait pas dire non.
    Bonjour, Toinette;
    Bonsoir, Toinon.

3

Mais parfois l'écheveau se mêle;
Quand le fil est embarrassé,
L'ouvrage est terminé par celle
Qui ne l'avait pas commencé.
En prenant sa robe coquette
La chrysalide perd son nom.
    Adieu, Toinette;
    Salut, Toinon.

4

Toinette, c'est Toinon en robe;
Toinon, c'est Toinette en jupon.
L'une sous l'autre se dérobe;
Mais entre elles je jette un pont.
Je fais ma révolte complète
Sans barricade et sans canon.
    A bas Toinette;
    Vive Toinon!

UNE AMOUREUSE

1

Il est gai comme l'oiseau,
Et fort comme une panthère;
Je mène un petit agneau
Qui soulèverait la terre.
Bref il a tout ce qu'il faut
Pour rendre une femme heureuse;
Son défaut, son seul défaut,
C'est (*bis*) que j'en suis amoureuse.

2

Il enlève le morceau;
L'esprit dans ses yeux pétille;
Il coupe comme un couteau;
Il perce comme une vrille.
Bref il a tout ce qu'il faut
Pour rendre une femme heureuse;
Son défaut, son seul défaut,
C'est (*bis*) que j'en suis amoureuse.

3

Il a d'autres qualités
Que je ne saurais vous dire;
A toutes mes volontés
Il s'empresse de souscrire.
Bref il a tout ce qu'il faut
Pour rendre une femme heureuse;
Son défaut, son seul défaut,
C'est (*bis*) que j'en suis amoureuse.

4

Mes bras autour de son cou
Lui font une laisse humaine;
On ne peut savoir jusqu'où
Par le collier je le mène.
Bref il a tout ce qu'il faut
Pour rendre une femme heureuse;
Son défaut, son seul défaut,
C'est (*bis*) que j'en suis amoureuse.

5

Ne demandez pas pourquoi
Devant lui je suis émue;
Il a ce je ne sais quoi
Qui vous trouble et vous remue.
Bref il a tout ce qu'il faut
Pour rendre une femme heureuse;
Son défaut, son seul défaut,
C'est (*bis*) que j'en suis amoureuse.

6

Moi qui me croyais en tout
Forte comme père et mère,
Il m'enseigne, et j'y prends goût,
L'orthographe et la grammaire.
Bref il a tout ce qu'il faut
Pour rendre une femme heureuse;
Son défaut, son seul défaut,
C'est (*bis*) que j'en suis amoureuse.

7

Mais une pensée infâme
Me plonge en un fol émoi:
Si jamais une autre femme
Le connaissait comme moi...
Car il a tout ce qu'il faut
Pour rendre une femme heureuse;
Son défaut, son seul défaut,
C'est (*bis*) que j'en suis amoureuse.

LE QUARTIER LATIN

1

Non loin des bords de la Seine,
Paris ne connaît qu'à peine
Un quartier sombre et lointain,
Qui sur le coteau s'élève,
Devers Sainte-Geneviève:
C'est le vieux quartier Latin.

Les maisons sont hautes,
Où perchent les hôtes
De ce paradis fangeux;
C'est que la jeunesse
Est l'aimable hôtesse
Qui rit et monte avec eux.

2

Au sein de la grande ville,
C'est le studieux asile
Où l'on travaille en s'aimant;
Chaque maison a sa gloire,
Chaque chambre, son histoire,
Chaque meuble, son roman.

Joyeux ermitage,
Où tout se partage,
La couchette et le repas;
Pays d'espérance,
Où l'on ne dépense
Que l'argent que l'on n'a pas!

3

Au Code combien d'atteintes!
Combien de flammes éteintes
Avant le terme promis!
Et parfois, sans qu'on y songe,
Le bail aussi se prolonge
Pour se léguer aux amis.

Anténor fidèle
Avec une Adèle
Est resté près de huit jours.
Puis d'autres arrivent;
Les femmes se suivent
Et se ressemblent toujours.

4

Combien de types encore,
Depuis le gros Polydore
Qui mène Ursule au tambour,
Jusqu'aux nouvelles recrues
Qui poursuivent dans les rues
Les veuves du Luxembourg!

Comment satisfaire
Le monde et son père,
La Chaumière et l'examen;
Le billard, l'école,
Lisette et Barthole,
La pipe et le droit romain?

5

Puis arrivent les vacances:
Que de tristes échéances
De la Seine à l'Odéon!
Arthur a passé sa thèse,
Et l'amoureuse Thérèse
Tombe d'Arthur en Léon.

O belle jeunesse!
Combien de sagesse
Dans tes plus fougueux ébats!
Qu'ils sont moins aimables,
Ces gens raisonnables,
Ces austères magistrats!

6

C'est là, dans une mansarde,
Que travaille l'avant-garde
Du siècle qui va venir;
Turbulente pépinière
Qui commence la carrière
Que tant d'autres vont finir.

Mais l'heure s'avance
De la décadence:
Lisette a passé les ponts;
Elle a fait fortune;
Adieu, robe brune,
Blancs bonnets et courts jupons.

7

Quand sa thèse est terminée,
Un clerc de cinquième année
Parle comme un vieux robin;
En sortant de la clinique,
Un docteur pharmaceutique
N'est plus même un carabin.

Las! tout se disperse;
Le quartier se perce,
Se transforme et s'assainit.
Des maisons plus belles
Vont remplacer celles
Où l'amour posait son nid.

Et, dans la cité nouvelle,
Un jour, quelque vieille Adèle,
Seul débris d'un siècle éteint,
Dira, cachant son visage,
Aux Anténors d'un autre âge:
« Là fut le pays Latin! »

ADÈLE

1

Adèle est une lorette,
Elle vit de ses amours;
Elle change tous les jours
D'amants comme de toilette,
Et chacun de ses désirs
Lui coûte un ou deux plaisirs.
Mais dans sa noire prunelle
Brille tant de volupté!...
Adèle, ma pauvre Adèle,
Cela vous sera compté.

2

Adèle a tous les caprices;
Il lui faut tous les bonheurs,
Des valets, de l'or, des fleurs,
Tous les luxes, tous les vices!
Elle se livre au premier
Qui sait plaire ou peut payer....
Mais Dieu, qui la fit si belle,
Lui donna tant de bonté!...
Adèle, ma pauvre Adèle,
Cela vous sera compté.

3

De sa livrée insolente,
De ses chevaux hennissants,
Elle insulte les passants;
La courtisane indolente
Eclabousse sans pitié
La vertu qui marche à pié!
Mais au pauvre qui l'appelle
Elle fait la charité....
Adèle, ma pauvre Adèle,
Cela vous sera compté.

4

L'été la fait châtelaine;
Elle a des prés et des bois,
Un manoir, des villageois
Dont elle est la souveraine.
Elle va, par ses vilains,
Se faire baiser les mains;
Mais elle sème autour d'elle
Le bien-être et la gaîté....
Adèle, ma pauvre Adèle,
Cela vous sera compté.

5

En ses mains l'or s'éparpille;
Il s'envole au gré du vent;
Un jour dévore souvent
L'aisance d'une famille!
Mais on m'a dit qu'en secret
A sa mère elle envoyait
Le pain, le bois, la chandelle,
Le repos et la santé....
Adèle, ma pauvre Adèle,
Cela vous sera compté.

6

Adèle eut, dès son enfance,
Un fils, espoir de son cœur;
C'est sa dernière pudeur.
De loin, sur son innocence,
Elle veille avec amour;
Il sera soldat un jour....
Sans jamais connaître celle
Dont rougirait sa fierté!...
Adèle, ma pauvre Adèle,
Cela vous sera compté.

LA NÉGRESSE BLONDE

C'est inoui! c'est fabuleux!
J'ai pour maîtresse
Une négresse;
Mais une négresse aux yeux bleus.

1
Oui, ses deux yeux sont deux turquoises
S'enchâssant dans un émail noir,
Et sa bouche rouge fait voir
La blancheur de ses dents narquoises.

C'est inoui! c'est fabuleux!
J'ai pour maîtresse
Une négresse;
Mais une négresse aux yeux bleus.

2
C'est un défi de la nature :
Elle a du noir, du blanc, du bleu;
L'astre d'argent, l'astre de feu
Ont fait ensemble une peinture.

C'est inoui! c'est fabuleux!
J'ai pour maîtresse
Une négresse;
Mais une négresse aux yeux bleus.

3
Cela me fait tourner la tête;
Mon esprit se met à l'envers;
J'écris en prose et parle en vers;
Enfin je suis tout à fait bête.

C'est inoui! c'est fabuleux!
J'ai pour maîtresse
Une négresse;
Mais une négresse aux yeux bleus.

4
Or, maintenant je puis tout croire,
Que le suffrage universel
Est plein d'à-propos et de sel
Et que l'ébène est de l'ivoire!

C'est inoui! c'est fabuleux!
J'ai pour maîtresse
Une négresse;
Mais une négresse aux yeux bleus.

5
Elle prétend (faut-il le croire?)
Qu'une femme, quand il lui plaît,
A des sens. A ce compte, elle est,
Elle est joliment volontaire.

C'est inoui! c'est fabuleux!
J'ai pour maîtresse
Une négresse;
Mais une négresse aux yeux bleus.

LE PROFESSEUR D'AMOUR

Le Professeur d'Amour

DERNIER DESSIN (INACHEVÉ) DE P.A. COT.

Sté Gle des Applications Photographiques, 7, rue d'Argenteuil, Paris

1

Un petit professeur d'amour
Est arrivé dans notre ville;
Il y travaille nuit et jour
Et se transporte à domicile.

Ce domicile c'est le mien,
Car il ne tient pas de clinique;
Il est mon maître, et croyez bien
Que je suis son élève unique.

2

Il me dit : «Vous allez saisir
Les profits de l'expérience:
Aimer, c'est le simple désir;
Se faire aimer, c'est la science.

«Que votre regard soit de feu!
(Supposez que je sois Julie)
Allons, déraisonnez un peu;
Passion, c'est presque folie.

3

«Ayez votre plus douce voix;
Dites: «Je t'aime, je t'adore!»
Quand vous l'aurez dit mille fois,
Dites-le mille fois encore.

«Prenez, serrez-lui les deux mains;
Pour pénétrer jusqu'à son âme,
Choisissez les plus doux chemins;
Dans la femme, cherchez la femme.

4

«Qu'elle soit Ève ou Dalila,
Elle a son point, son point sensible;
Si vous atteignez ce point-là,
La résistance est impossible...»

—Mais pardon; je vous donne ici
Les leçons d'un maître que j'aime.
J'étais élève, et me voici
Devenu professeur moi-même.

Oh! non. Je ne puis enseigner
Son éloquence et sa tendresse;
Car vous avez pu deviner
Que mon maître...c'est ma maîtresse.

UN MARI MALHEUREUX

2
Car si Clémence enfin
Etait comme les autres,
Si j'avais le destin
De tant de bons apôtres,
J'aurais pour avocats
Ses torts et ses caprices;
Mais quelle femme, hélas!
Elle n'a pas de vices!...

Monsieur, qu'en dites-vous?
Qu'en dites-vous, Madame?
Ah! plaignez un époux
Adoré de sa femme!

3
Elle est d'une douceur
A vous rendre malade..
Si j'avais le bonheur
De la trouver maussade,
J'aurais quelque raison,
Pour adoucir ma peine,
De faire le garçon
Une fois par semaine.

Monsieur, qu'en dites-vous?
Qu'en dites-vous, Madame?
Ah! plaignez un époux
Adoré de sa femme!

4
Si son ardeur du moins
Etait plus raisonnable....
Mais des plus tendres soins
Sans cesse elle m'accable.
Elle est, dans son amour,
Pire que vingt maîtresses;
Je ne puis un seul jour
Eviter ses tendresses..

Monsieur, qu'en dites-vous?
Qu'en dites-vous, Madame?
Ah! plaignez un époux
Adoré de sa femme!

5
Que de fois je me dis :
Si ma femme était laide,
J'irais voir mes amis
Anténor et Tancrède;
Si quelque beau garçon
La trouvait plus sensible,
Je pourrais bien...Mais non
Elle est incorrigible!...

Monsieur, qu'en dites-vous?
Qu'en dites-vous, Madame?
Ah! plaignez un époux
Adoré de sa femme!

6
Enfin je suis battu;
Je l'accorde moi-même;
Non...C'est trop de vertu :
Il faut bien que je l'aime.
Elle mourrait sans moi :
Je ne suis plus mon maître;
Je crois presque, ma foi,
Que j'aimerais mieux être....

Monsieur, qu'en dites-vous?
Qu'en dites-vous, Madame?
Ah! plaignez un époux
Adoré de sa femme!

LA FEMME DU POMPIER

Ah! je fais un vilain métier!
Je suis un séducteur infâme!
Que voulez-vous? j'aime la femme,
J'aime la femme du pompier.

1

C'est un mari-pompier modèle,
Des deux côtés rempli de zèle;
Partout où son devoir l'appelle,
Il est prêt de nuit ou de jour;
Ici, retenu par l'amour,
Là, convoqué par le tambour.
Sa femme est mon Eléonore,
C'est un ménage qui s'adore;
Mais je l'aime bien plus encore.

Ah! je fais un vilain métier!
Je suis un séducteur infâme!
Que voulez-vous? j'aime la femme,
J'aime la femme du pompier.

2

Sitôt qu'éclate un incendie,
C'est une tragi-comédie,
Son épouse le congédie;
Il court, il va tout asperger.
Pour lui, c'est l'heure du danger,
Pour moi, c'est l'heure du berger;
Et cet homme qui se dévoue,
Ce héros que j'admire et loue,
Je le trompe et je le bafoue...

Ah! je fais un vilain métier!
Je suis un séducteur infâme!
Que voulez-vous? j'aime la femme,
J'aime la femme du pompier.

3

Quand la fièvre d'amour me gagne,
Je vais la nuit dans la campagne,
Et j'allume sur la montagne
Un feu de paille et de sarments;
Puis, je vais par mes hurlements
Réveiller les pompiers dormants.
Alors, dans la maison connue
J'arrive à l'heure convenue
Et doucement je m'insinue...

Ah! je fais un vilain métier!
Je suis un séducteur infâme!
Que voulez-vous? j'aime la femme,
J'aime la femme du pompier.

4

Mais toute maison allumée
Est moins ardemment enflammée
Que le cœur de ma bien-aimée.
Nous vivons, regardez un peu,
Du feu, par le feu, dans le feu,
Corbleu! Palsambleu! Tête-bleu!
Nous crépitons dans des méandres
De flamme, de braise et de cendres,
C'est un trio de Salamandres...

Ah! je fais un vilain métier!
Je suis un séducteur infâme!
Que voulez-vous? j'aime la femme,
J'aime la femme du pompier.

TABLE DES CHANSONS LÉGÈRES

	Pages.		Pages.
Beauté	2	Chut !	92
La Cuisine du château	4	Les deux Notaires	94
Ivresse	8	Ma femme n'est pas là	98
May	10	Les deux	100
Aujourd'hui et Demain	12	Je ris	102
Trompette	14	Le Sauveteur	104
Les heureux Voyageurs	16	Chant de Vendange	106
La Gaîté française	20	La mère Godichon	108
Jalousie	24	Les transformations de Jupiter	112
L'Aveugle du Caire	26	Nous sommes gris	114
Le Rendez-vous	28	Ce jeune homme	116
Sous bois	30	Le Cochon	118
La Dame au pastel	32	Les Poisons	122
Je n'aimerai plus	34	Jean qui pleure et Jean qui rit	124
Lanlaire	36	Apparition	128
Le Créancier des fillettes	40	La Meunière et le Moulin	130
L'Attente	44	Retour de Noce	132
Le Lansquenet	46	Florimond l'Enjôleur	134
Louise	48	Mes enfants	136
Rêves et réalités	50	La première Maîtresse	138
La Chanson de trente ans	52	Père Capucin	140
La Glorieuse	54	Le Phalanstère	142
Les Étrennes de Julie	56	L'Infaillible	144
Auguste, étudiant de dixième année	58	Une Femme	146
Le Veau	60	Une Histoire de voleur	148
Est-ce tout ?	62	L'Épingle sur la manche	152
Quinze Avril	66	Les Boutons	154
La Fille de l'Amour	68	Toinette et Toinon	156
Pierrette et Pierrot	72	Une Amoureuse	158
La Kermesse	74	Le Quartier latin	160
Oscar l'Irrésistible	76	Adèle	162
Les gros mots	80	La Négresse blonde	164
Le Train des maris	84	Le Professeur d'amour	166
Lettre d'un Étudiant à une Étudiante	88	Un Mari malheureux	168
Réponse de l'Étudiante à l'Étudiant	90	La Femme du pompier	170

www.ingramcontent.com/pod-product-compliance
Lightning Source LLC
Chambersburg PA
CBHW070619170426
43200CB00010B/1843